Fármaco

Fármaco

ALMUDENA SÁNCHEZ

LITERATURA RANDOM HOUSE

Penguin
Random House
Grupo Editorial

Primera edición: abril de 2021

© 2021, Almudena Sánchez Jiménez
Casanovas & Lynch Literary Agency, S. L.
© 2021, Penguin Random House Grupo Editorial, S. A. U.
Travessera de Gràcia, 47-49. 08021 Barcelona

Printed in Spain – Impreso en España

ISBN: 978-84-397-3873-2
Depósito legal: B-2.613-2021

Compuesto en La Nueva Edimac, S. L.
Impreso en Egedsa (Sabadell, Barcelona)

RH38732

Para Antonina y Eloy,
salvadores de vidas.

Personas se debaten sobre la cama o en el suelo, sin estar muertas ni vivas.

JUAN-EDUARDO CIRLOT,
88 sueños

Con tantos secretos, era claro que solo podía terminar escribiendo.

CAMILA SOSA VILLADA,
El viaje inútil

No voy a fracasar en la paciencia.

ROSA BERBEL,
Las niñas siempre dicen la verdad

EL DEMASIADO VÉRTIGO

Hablando de cabezas: habría que empezar a explosionar ya. No son necesarias tantas explosiones en el Líbano como en nuestras cabezas occidentales. El mundo sería mejor con cabezas dispuestas a albergar una bomba antidogmática con efectos colaterales empáticos. Aunque yo no soy nadie para dar órdenes, pues tan solo soy una escritora que empieza. Siempre seré una escritora que empieza. En el año 2087 seguiré siendo esa escritora que empieza, que tiembla, que se arriesga y sigue temblando con un tenedor en la mano.

Cada cual que haga lo que quiera con su cabeza, al fin y al cabo, es todo lo que tenemos. Cabezas pensantes. La mía ha estallado y aquí lo cuento sin intención de que sea un texto informativo ni de autoayuda e intentando con todas mis fuerzas que haya más literatura que morbo, más literatura que detalles técnicos, más literatura que aquello que no sea literatura. O de forma más esquemática: que mi depresión sea tan literaria como lo ha sido mi vida desde que empecé a leer.

Leer bien, leer con calma, leer con asiduidad, leer la línea blanca que viene después de la línea escrita y la línea escrita que antecede a la línea blanca, es lo mejor que me ha pasado. Leer y visualizar, leer y masticar, leer y medio llorar, leer y admirar. Leer y entremezclar luego mis palabras: que sean un descoloque sensorial.

Al principio, no creía en ello. No creía en la depresión, ni en el término *blue*, ni en el TOC, ni en los ataques de pánico. Me resultaban ajenos. Los consideraba una tontería pasajera. Me han enseñado, de toda la vida, que eso «es gente que no espabila», «no tira *p'alante*», o «tiene mucho cuento». En fin, que me ha costado, igual que con todo prejuicio, dinamitarlo en mi cabeza.

He leído maravillas relacionadas con la caída del cerebro. La fiebre nos obliga a crecer: crecemos a base de fiebre y más fiebre. Los buenos libros tienen una temperatura alrededor de los 39,5 grados. Es la que te puede dar con el mal de altura. El cuerpo agoniza. El demasiado vértigo. Es cuando más nos parecemos al demonio y eso es también la depresión.

Nos encontramos, de golpe, incendiados y frágiles.

Para no caer solo en episodios trascendentales –no he padecido ninguna tragedia en los últimos años– que me sucedieron durante la infancia, he escrito sobre mi incapacidad para escribir (puesto que a eso me dedico) durante el tiempo en que la depresión se manifestó más severa. En muchos casos me dolía pensar en la nostalgia de la escritura cuando brotaba a través de mí de manera más fácil. Cuando era una escritora con ánimo de serlo. Es atroz perder las ganas, es seguramente lo más mortífero que me ha pasado. Durante varios meses, creí que jamás –lo juro con solemnidad–, jamás de los jamases, volvería a escribir.

Hay un mar en la infancia. Está alterado por mis recuerdos, por supuesto, pero he tratado de contrastar parte de esas memorias con mi hermano y con mi tía Antonina, que están bastante de acuerdo conmigo, y con mis padres, que no lo están en absoluto. He observado durante más tiempo del normal mis fotos de niña. De cerca, con lupa. De lejos, con prismáticos. Con el corazón en la mano, con ceniza en la mano. En muy pocas salgo sonriendo. En algunas salgo preguntándome qué hago ahí. ¿Por qué sale una niña en una foto con cara de pregunta?

La niñez es inmemorial.

Tengo la certeza de que cuando muera, si muero un día de estos, no pasará (¿cómo es ese dicho?) «la vida ante mis ojos», sino mi niñez entera, mi niñez buceadora, mi niñez podrida, mi niñez en un coche que va de arriba abajo, hacia una punta de la isla, por los campos de Castilla y tiene sed y se desmaya con el olor a gasolina.

Escribir tiene que ver con el agua. Los escritores (Cheever ya lo anuncia) son nadadores en diferentes aguas. Hay tantos tipos de aguas. Hay tantas texturas en el agua. Tantos colores en el agua. Cada vez estoy más convencida: escribo el agua y quiero que mis textos fluyan como el agua. En la imitación del agua está la clave.

Bebo agua con limón y jengibre cada día para no amanecer desgastada.

¿Realmente dispongo de unos genes incapaces de controlar? Mi psiquiatra me hablaba muy en serio de esto: de lo endógeno. De lo inevitable que ha sido mi depresión y de que no me echara la culpa, de que no me echara la culpa, de que hiciera el favor de no echarme la culpa. Y empecé a pensar en mi abuela. En una abuela que no conocí. En una abuela que tuve y no fue feliz.

Fármaco está escrito hacia atrás.

Rectifico: está escrito hacia delante y hacia atrás, hacia atrás y hacia adelante. Como cuando rebobinábamos en el pasado las películas. Cómo echo de menos ese gesto. Darle al botón del mando. Los personajes se volvían locos: era gracioso verlos salir por una puerta de espaldas. Del revés. Despegar rápidamente el culo de una silla: casi volaban. El botón de rebobinar inspiró al realismo mágico, si no ¿qué? ¿Cómo empezamos a volar en los libros? Creo que la modernidad no quiere que trastoquemos a nuestros personajes.

Rebobinar era alterar el mundo, las normas sagradas del buen vivir.

Hoy ya no existe ese botón. Puedes ver la secuencia anterior y posterior: los quince segundos que van delante de la escena y los quince que van detrás. En breve no existirá ni el mando.

En ocasiones pienso que los seres humanos que hemos vivido antes de internet y después de internet somos importantes. Pronto desapareceremos y no habrá testimonios del cataclismo. La Tierra supura megabytes, perfiles falsos y sueña wifis. Es como haber vivido antes de la rueda y después de la rueda.

Mi madre se lamenta de que le faltan conocimientos informáticos. A pesar de que para ahondar en mi madre necesitaría doscientos folios de papel, es decir, una novela íntegra. Mi madre se parece mucho a la madre de Enriqueta, el personaje creado por Liniers, que nunca está y a la vez siempre está. De hecho, físicamente dibujada no aparece nunca. Tengo un tomo gordo de Liniers y la madre de Enriqueta solo es una voz que grita. Mi madre es como Dios: yo no la veo nunca pero ella me ve a mí.

Así es Dios, ¿no? Un ente omnipresente.

A lo mejor Dios son las madres.

Me interesan esas presencias fantasmales. En cierto modo, las infancias interesantes se las debemos a los padres: a lo que hicieron en su momento y a lo que dejaron de hacer. Y para nada quiero culparlos, todo lo contrario, este libro es para que me comprendan un poco mejor. Para que lean mi punto de vista.

Mi punto de vista que empieza en el interior de una herida y termina besando la piel de la herida, con los labios agrietados, pero yo beso mis cosas, las beso día y noche. Es lo que soy: tengo que besarme y besarme para curarme en condiciones. No esperes que nadie te bese. Bésate a ti misma.

Estoy en contra de Walt Disney y muy a favor de las farmacias.

Larga vida a la química y a la venlafaxina. Larga vida a los polvos blancos que nos alegran la existencia, al ibuprofeno que en ocasiones me salva de una ciática horrorosa. A la pasiflora en extracto seco, me da igual. ¡Mi gato se emborracha con valeriana y se revuelca por el suelo! Estoy más cerca que nunca de esas pastillas, me las tomo sin pensar y sin ningún miedo. Antes les tenía un respeto. Ahora me he dado cuenta de que no pasa nada, de que solo la mejoran a una. Cuatro, cinco, seis comprimidos al día. Parezco una mujer vieja cuando hablo de sustancias analgésicas o que tienen que ver con la serotonina. Lo sé. Sin embargo, mi aspecto es joven. En eso me parezco mucho a mi madre, para qué negarlo.

Soy una niña por dentro: parloteo, me divierto en el parque con otros niños, me cuelgo de un columpio como un mono involucionado. Nunca dejaré de hacer esas tonterías, total, no me ve nadie.

Mi infancia es ahora. La infancia es cuando una quiera que sea y a mí me ha llegado a los treinta y tres años. Lo que fui hasta los diez era otra cosa: un simulacro de terremoto.

Lo que cuenta en nuestra propia filmografía es cuando te ven. Cuánto daño te puedes llegar a hacer si no te ven.

Somos seres a la vista de.

A la vista de Dios.

El suicidio es un momento de no pensar. Es un acto que se hace con el corazón en agua hirviendo, como las langostas. No eres consciente hasta que ya no estás con los pies en la tierra, porque morirse es no estar. Es no participar. Hablarán de ti y no podrás intervenir. Verás a un niño con los ojos brillantes y no lo podrás abrazar. No puedes nada. Suicidarse es prohibirse.

Las sustancias que he engullido (qué ansia de pastillas que curen) me han cambiado el cuerpo y la cara.

Y el alma. (Perdón.)

He adelgazado, he engordado y he vuelto a adelgazar. He llegado a pesar 65 y 45 kilos en un año y medio.

Me he desmayado tres veces. Una fue en el Starbucks, en el felpudo rugoso donde la gente se limpia los zapatos. Casi me pisan la cabeza. Mi pareja me quitó de ahí como atesorando algo que andaba perdiendo a marchas forzadas: la dignidad.

Todo lo que acelera el corazón es buenísimo. La ternura. Una conversación elegante comiendo anchoas. Dos mil besos en la cara sin darte cuenta. Las orejas de un felino clavadas en el pecho. Ya se tranquilizará. La cuestión es tener cerca activadores que te lo apresuren.

Este libro es para personas tristes con sentido del humor que alguna vez han notado cómo el cerebro se les marchaba, se les escapaba de las manos, cuando las manos son las únicas partes humanas –puramente realistas– con las que agarramos cosas sensibles y abrazamos, abrazamos tanto.

He metido un termómetro entre las páginas de este libro.

PLÁTANO

La primera vez que pensé en la muerte fue a los seis años. Mi pie, digno de estudio, se atascó entre la rueda trasera y la vaina inferior de mi bici.

La bici me la regalaron mis padres –disfrazados de Reyes Magos– la Navidad del 93 y fue un incordio porque no sabían dónde ponerla; no es un regalo discreto y por poco les pillo ajustando el manillar, envolviéndola o algo.

Total, Almudena va a dar el estirón enseguida y tendremos que comprar otra con marchas y cuentakilómetros.

Es difícil de explicar. Cómo metí el tobillo ahí. Cómo lo incrusté tan retorcido.

Almudena, haz movimientos circulares: a ver.

Podía andar con la bici a rastras, pero esa no es la cuestión. El tobillo había decidido separarse de mi cuerpo: primer divorcio corporal de mi existencia. No sé quién se puso tan histérico para que ocurriera lo siguiente: mi padre se fue y apareció con una sierra mastodóntica. He visto muchas sierras afiladas a lo largo de mi vida –incluso de leñadores, de carniceros– aunque ninguna con los dientes tan profundos como aquel rastrillo.

Cuando vi a mi padre caminar hacia mí con el serrucho, me puse a correr con la bici atascada, adelante, adelante, como escapando. ¡No, papá, no! ¡No, papá, por favor! Mamá, dile a papá que no. Prefiero vivir con la bici en la pierna, iré al colegio así. ¡Lo juro por la casa!

Era una trituradora. Con ella comenzó a cortar la vaina que me mantenía atrapada en el vehículo.

Las bicis me gustan, a pesar de todo. Los aparatos mecánicos, en cambio, me disgustan. Las cámaras de fotos me resultan complicadas con su diafragma y zoom panorámico. Las máquinas a vapor tipo palomiteras o crispeteras me atraen; son los fuegos artificiales de la comida. Las máquinas de coser me imponen respeto: mi madre me contó que se pinchó el dedo, una tarde, cuando intentaba hacer un gorrito para no sé qué bebé que había nacido con sordera. O ciego, creo. Que veía mal: con interferencias.

Desde que conozco la historia, me la imagino como una Bella Durmiente del siglo XXI.

Las aspiradoras me alteran: absorben suciedad. Y lo que me da pavor: el sistema de drenaje de las piscinas. De pequeña era muy buena buceadora. Mis amigas eran buenas nadadoras. Yo era la única que sabía guardarse el aire bien adentro. Tenía mi propia teoría: el aire se malgasta de tanto hablar, y claro, yo andaba siempre obedeciendo y escuchando con los pulmones grandes y sanos. Era feliz en la piscina, en mi mundo con poco oxígeno, hasta que me enteré de que una niña se había quedado sin brazo buceando muy hondo: la había succionado la rejilla de su piscina. Su brazo. Casi se lo traga. Entonces dejé de bucear. Dejé de acercarme a cualquier clase de ventosa. No acepté que los chicos me hicieran chupetones. Me daba pánico que me besaran y besarles. Tardé años en superarlo. Algunos me llamaron tortillera y marimacho. Otros, los más sensibles, tímida enfermiza.

La adolescencia fue mi montaña escarpada. Mi cumbre en llamas. A esa etapa la llamaban en el instituto: «Iniciación a la vida adulta». ¿Iniciación qué? ¿Una asignatura? Me preocupaba el infinito: los grumos de la pared, la burbuja financiera y si la suela de mi zapato olía a caca o no. Este libro va de la infancia, la infancia malvada, que empezó con una bicicleta y terminó con un vómito, como la mayoría de las infancias, ¿no?

La bici me gusta porque precede al coche y a mí, eso de ir de un lado para el otro, se me daba bien. El recorrido era el siguiente: del Puerto de Andratx al Faro, del Faro a la Papelería, de la Papelería al Puerto de Andratx, del Puerto de Andratx a la Rotonda, de la Rotonda al Faro, etcétera.

Los sitios pequeños son buenos para criar a los hijos. Están delimitados. No comprendo los mapas. Entre Pinto y Valdemoro dibujé un pulpo enfadado.

Escribir los pensamientos es empezar a vivirlos.

La sierra me daba miedo, mi pie se inflamaba y quemaba: sudábamos mis padres y yo al unísono, sudor y lágrimas enrevesados, carne viva y un líquido raro que generaba la sierra.

De qué está hecha esta bici, de metacrilato, se preguntaban mis padres, echándose las manos a la cabeza.

¿Qué es lo que sale de la sierra? ¿Agua? Demandaba una respuesta inmediata.

¿Aceite?

Mi madre era la que más se llevaba las manos a la cabeza. Creo que se ha quedado así: con las manos en la cabeza.

Se me está despellejando la piel de tanto apretar, Almudena, haz el favor.

¡Quiero saber si es agua lo de la sierra!

Mi especialidad es interrumpir asustada.

La casa de mi infancia tiene gárgolas. Parece Notre Dame. Son de barro con forma de ser mitológico. En los jardines hay que poner adornos:

¿Qué prefieres? ¿Gárgolas o gnomos?

Yo elegí las gárgolas y trajeron unos monstruos. Me arrepiento tanto. Imaginaba, no sé, un tucán.

Nuestra casa –la de las gárgolas– está en una urbanización de Mallorca y nosotros en los años noventa éramos los únicos españoles. Los vecinos eran todos extranjeros. Yo chillaba cada vez más fuerte y la rabia de mi padre aumentaba, se reflejaba en la sierra y en los músculos de su cara.

A todo esto, un vecino entró por la puerta del garaje y exclamó:

Good morning!

Mi madre se interpuso:

Almudena, te están hablando. Pórtate bien y saluda.

Le devolví al vecino un *Hello* lloroso y clamé una verdad supersónica:

¡Que me voy a morir! ¡Que me voy a morir!

Nadie se acuerda, pero yo lo atestiguo: el vecino extranjero, en mitad del barullo (pues mi pie seguía atascadísimo), me trajo un plátano pelado. Apuntaba directo al cielo. No era un plátano cualquiera, ni la sierra era una sierra, ni mi casa era una casa. Esas cosas no se le olvidan a una niña.

Un plátano fálico y cremoso.

Yo miraba el plátano con ojos nerviosos. El plátano, si pudiera, hubiera aullado.

Almudena, mira qué amable, que si quieres un plátano.

La que hablaba era mi madre; siempre habla ella, a pesar de que mi padre también dice palabras. Contesté que no, medio ahogándome en lágrimas, y el vecino puso una cara de decepción abismal y siguió insistiendo con el plátano y yo intercalaba dos gritos de súplica concretos:

¡Que no quiero un plátano! ¡Me voy a morir! ¡No al plátano! ¡Fuera todos, el hombre y el plátano!

La tarde pasó como pasan las tardes: llenándose. Mi padre consiguió cortar la vaina de la bici con la sierra y se sintió poderoso. Mi madre entabló una conversación con el vecino, disculpándose por mi actitud y por no haberme comido el plátano. Yo me quedé mirando durante un rato mi pie. Entre el tobillo y el talón, me salió una mancha sin importancia.

Intrascendente, sentenció un médico.

Sin embargo, vista de cerca o lejos, tiene forma de guadaña.

DIAGNÓSTICO

Mi educación sentimental se basa en un párrafo:

Sé guapa y aguanta carros y carretas. No te dejes, arréglate, no decaigas y si alguien quiere que decaigas, arróllalo con la debida delicadeza. No digas ni que sí ni que no, más bien deja las cosas en *standby*, y si te exigen una respuesta contesta que tú estás a lo tuyo y no a lo de los demás. Por último: mal de muchos, consuelo de tontos. En cuanto a lo material, sé ahorrativa y conoce mundo. La cultura, por ejemplo; decir «Tutankamón fue un faraón perteneciente a la XVIII dinastía de Egipto» o «El plutonio es un elemento transuránico radiactivo con símbolo químico Pu» supone un signo de grandeza. Acumula cultura, sonríe y deja al auditorio boquiabierto.

No he recibido nunca consejos acerca del miedo, la inadaptación, el choque o la brutalidad mental. Los he necesitado tanto. En mi pueblo, Andratx, había gente que estaba con la depre. Mi madre, de hecho, da clases a personas que están con la depre o aún peor; están voladas, tienen la cabeza ida. Me pregunto hacia qué lado hay que tener la cabeza: ¿rectilínea? Ahora que lo pienso: tengo el cuello largo y lo muevo mucho. Si busco en internet la palabra *depresión*, todo es depresión. Es una palabra rotunda, multiusos, la tristeza es pasajera, con un beso se cura. Se utiliza con soltura. No puedo ir a la piscina esta tarde, tengo comida familiar; deprimíos por mí. No hay cacahuetes garrapiñados de Grefusa ni Frit Ravich en el supermercado, qué depresión. Me he dejado la gamuza limpiacristales en casa para limpiar mis gafas sucias, tendré que recurrir al vaho de mi boca para humedecer los cristales, qué asco, me estoy deprimiendo. Uno se deprime en Nochebuena y trincha un pavo.

Estoy escribiendo ahora fuertemente medicada con antidepresivos y este libro va tomando entidad.

Quiero definir un estado abstracto. Me estoy curando y no tengo cicatriz para demostrar que he pasado por algo atroz. Ha supuesto un declive lento. Pasé de dormir en la cama al sofá. Me resultaba fatigosa la idea de hacer la cama, día tras día, y consideré que había tomado una brillante decisión: manta, sofá y tele encendida. Pensé: Serán unas cuantas noches, cinco o seis, hasta que me reencuentre con mi antiguo vitalismo juvenil. El comedor se convirtió en estancia única. No me movía de allí: del comedor al baño, del baño al comedor.

A ese primer cambio se le unió el dejar de cocinar. Ya no necesitaba comer tanto. El cuerpo no me demandaba otra cosa que descanso y penumbra. Por las mañanas no abría las persianas y, al llegar el ocaso, se despeñaban por mi cara un puñado de lágrimas —¡qué digo, una estampida!— al contemplar el destello final de las farolas de mi barrio.

Valoré la posibilidad de que estuviera sufriendo una crisis sensible. No me gustaba mirarme al espejo. Mi pareja no se merecía semejante rostro gris, huesudo, porque no aceptaba probar bocado. Deseaba dejar la relación. Mis brazos no alcanzaban los estantes superiores del supermercado y por eso dejé de hacer la compra. Me caía un alud de cajas de Kellogg's encima, de sardinas en conserva, de altramuces. Me dolía todo. Por fortuna, los dependientes comprensivos de los grandes almacenes tapaban el suceso: no ha sido más que un accidente. Algunas madrugadas me levantaba, me enfundaba el abrigo encima del pijama y deambulaba por las peores calles de Tetuán. Me identificaba con personas maltrechas, enganchadas al juego, sin techo o llanamente perdidas, de espaldas al sol. Si bien es seguro que mi espíritu es bastante existencialista, aquello no era una simple tendencia.

Descolgué el teléfono para que mis padres no supieran de mí, de su hija hecha harapos: aniquilada. Rezaba con una piedra desértica en la mano. Me concentraba para que alguien se diera cuenta sin tener que explicar yo qué me pasaba. Qué me pasaba de qué. ¿Que no me gustaba hacer la compra? ¡Pues claro, es un engorro! Basta ya de historias tristes y haz lo que tienes que hacer. ¿Qué tengo que hacer? ¿Qué me aconsejas? ¿Qué me procuras, qué me dispones? ¿Qué me alientas? Quería desaparecer de este mundo de tantas tareas por hacer y tan exigentes. Los platos sucios se reían de mí. Resbalaba la salsa por las paredes. La inminencia de una depresión no se presiente. Comienza desde la frente hasta las rodillas. Es la enfermedad más grande, invisible, inesperada, destructiva, egoísta, insana, paranoica, desaliñada, mugrienta y tendenciosa que he tenido. La frase que más he oído es:

Almudena, tú eres fuerte.

¿Fuerte, cómo? Un árbol es fuerte para equilibrar sus ramas, para soportar nidos, viento, perdigones, pájaros carpinteros que se plantan ahí y clap, clap, clap. Plagas de orugas. Heladas. La muerte de otro árbol que está al lado y la sequedad del verano manchego. No obstante, existen árboles que sin motivo ni causas biológicas se pudren por dentro. Los expertos afirman:

La corteza está resquebrajada. Se ha torcido. No responde. No brota. Sus raíces son inadecuadas. Corremos el riesgo de que se parta en trozos y caiga encima de alguien. Hay que talarlo.

Durante los cinco meses que llevo deprimida, he preferido estar talada. En secciones. ¿No se clasifican, a veces, los tornillos? De rosca, redondos, bueno, no tengo ni idea de tornillos. Quiero contarlo para que no parezca metafórico. Un día me quería cortar la cabeza, otro un brazo, el pie, el estómago. Maldito estómago nauseabundo que cada día, cada x horas, tenía que llenar de comida en contra de mi voluntad. ¿Por qué el vacío se acumula en el estómago? ¿Por qué suena atronador? No soporto la música del cuerpo: los retortijones, los bostezos, el glup de la garganta, las flatulencias, el chasquido de la mandíbula, zssssss.

Estos días he leído un cuento de Joy Williams en el que una madre alcohólica y su hija emprenden un viaje para ver un espectáculo de magia. Es de un mago conocido. Han visto el anuncio en el periódico y les interesa. En un momento dado de la actuación en el que el mago va a cortar a una mujer en dos, la madre irrumpe en el escenario, fuera de sí, borracha, tambaleándose, para que la corte a ella en dos. Siento estropearle el cuento al que no lo haya leído, pero al final vienen los de seguridad, la sacan del escenario y se la llevan a un bar cercano.

La madre continúa bebiendo allí.

Para quitarme los demonios voy a un psiquiatra al que llamaré Dr. Magnus. Me siento en un sofá rojo. A decir verdad, no es un sofá: es un rectángulo de miedos. Las peores y mejores cosas me han pasado en un sofá. Me instiga, me reconforta, me relaja las articulaciones, no hay espejos, pero sí fotos entremezcladas.

¿Cuál es tu plan? ¿Qué has pensado durante estas últimas semanas?

Y yo le cuento al psiquiatra que:

Me subo en un bus porque he abandonado la lucha. Me retiro; no quiero ir hacia delante, sino para atrás, muy atrás, hasta mi nacimiento, más allá de mi nacimiento: hacia la nada. Me subo en un bus y miro a los pasajeros y me sorprende: ¿qué hacen aquí subidos? ¿Ir de un sitio para el otro? Si estamos condenados. Antes o después moriremos. Nos comerán los gusanitos, las moscas con su trompa milimétrica y las liendres esas. Ya lo he entendido. ¿Para qué seguir? ¿Por qué el conductor participa en esta comedia de la mediocridad? Qué ilusos, se han subido en el bus para ir a alguna parte.

Ha terminado el telediario mientras yo estaba sentada, esperando a que me entraran ganas de pinchar con el tenedor un trozo de filete. Del tenedor al filete hay un agujero infranqueable. Casi hubiera preferido comérmelo con las manos. Han falsificado másters, han defraudado a Hacienda, han protestado los jubilados y cada capítulo me entretiene un poco: es lo único que mueve mi mundo, la televisión me mueve, en ocasiones cambio de canal y es un logro; he utilizado el mando, mi voluntad desea otra cosa; Antena 3 o *Mentes criminales*. El filete sigue ahí, mi tía Antonina suplica que por favor me coma un trozo. Al otro lado de la cocina habla Matías Prats, informador español de prestigio; no obstante, en mi cabeza resuena como un ser ridículo y fracasado que se aguanta los estornudos. Quiero cambiar de canal, pero es difícil: tengo que levantarme, apretar, coger aire y dar dos pasos, volver a sentarme, esperar a que salga otra viñeta de esta vida insoportable que me empuja, suavemente me empuja y me retiene.

MORDISCO

Antes del episodio de la bicicleta —no sé cuántos años atrás—
iba a preescolar. Era una niña callada, jugaba por mi cuenta,
me chupaba el pelo, las uñas, bostezaba, me pellizcaba, me
arrancaba costras, dientes a medio caer, utilizaba las mangas
del chándal para limpiarme mocos, pis, babas y vómitos y en
ocasiones comía bichos y tierra. Podían haber pensado que
era una niña con ausencias. De alguna manera, creo que lo
barruntaban. Los escuché rumorear una vez en corro:

Bsbsbsbsbs.

Me hicieron una sesión de fotos para no sé qué formula-
rio. De pequeña ya sospechaba mucho de los adultos y de sus
suposiciones caóticas. Fue bien pronto cuando supe que lo
importante, lo primordial, la supervivencia, consistía en escu-
charlos. Ellos piensan que los niños no oyen, así, en general.
Y sobre todo están seguros de que al día siguiente —¡como si
un niño fuera un pez globo!— se han olvidado de las regañi-
nas y las verdades absolutas. Pues no. Se acumulan. Se deno-
mina memoria a largo plazo.

Los flashbacks, de hecho, son infancia acumulada.

Entre otras cosas, era consciente de que el lenguaje era un
arma de primer nivel y yo iba a ser la reina del lenguaje más
adelante y les iba a declarar a los adultos la Segunda Guerra
Mundial, la de los Balcanes, la de Secesión, la de Vietnam y
la del Golfo. Todas las guerras que salen en las enciclopedias.

Y en los atlas.

La historia se resume en una guerra que se va sofisticando. Ayer mataron a un jeque árabe con un dron, sutilmente, desde el cielo.

Me iba a vengar por tanto de los «no porque no», «no porque lo digo yo», «cómete esto porque sí», «duerme porque sí», «vístete así porque hay que vestirse así», «toca el piano porque es lo que tienes que hacer», «no preguntes porque no es hora de preguntar». Todavía siento que no les he ganado el combate. Noto un temblor en el cuerpo. Es como una ventisca molesta.

En preescolar tenía una profesora amable y despistada. Y en mi clase había un par de niños con discapacidad. Uno de esos niños —Xisco— tenía la costumbre de morderme el ojo izquierdo. Debajo de la ceja, por encima de las pestañas, ahí me pegaba un bocado enorme como si estuviera mordiendo una pata de pollo. Lo hacía a la hora del patio, justo cuando sonaba el timbre. Yo tenía que correr a toda velocidad. En alguna de esas carreras pensé que me podría dedicar a correr y correr durante toda mi vida.

La profesora amable y despistada no se percataba; porque estaba distraída y los días iban pasando de mordisco en mordisco, de semana en semana, de dibujo en dibujo y yo me dibujaba a mí misma diminuta, al lado de mi padre, de mi madre y de mi hermano con un ojo colosal. De ese ojo destartalado salía una lágrima incalculable. La profesora amable y despistada instigó a mis padres:

Mi actitud era correcta, pero no calculaba satisfactoriamente las proporciones.

Mis padres, al oír su dictamen, me compraron un cuaderno de ejercicios para que calculara bien.

Haz tres líneas que dividan el folio en partes iguales. Divide el folio en seis cuadrados que tengan la misma superficie.

Haz dos cruces del mismo tamaño que ocupen medio folio. Recorta la cartulina en siete partes sin que una sea mayor ni menor que la otra.

Gracias a esos cuadernos aprendí a agrandar y a empequeñecer figuras y objetos en partes exactas. Equilibrio y consistencia. Racionalidad y reflexión. Estructura y equidad. Simetría y huecos.

Y un mantra: haz las cosas en su justa medida.

PESADILLA

Abro la puerta de una típica habitación de hotel.
Número 999.

Inserto la tarjeta para encender la luz y empieza a sonar
«La chica de ayer» de Antonio Vega.

CUTÍCULAS

Me muerdo mucho las uñas, hasta que me sangran. A los gatos, por ejemplo, les sirven para encaramarse a sitios, pero a nosotros solo se nos apoltronan bacterias ahí dentro, como en el ombligo, como en el sobaco, como en los hoyuelos, completamente inservibles. Llevo años intentando que las uñas desaparezcan de mis manos. Me duelen. Me recuerdan a un gancho, a una azada, a una percha decimonónica, a una pala de chimenea, ras, ras, ras.

De vez en cuando, las insulto:

¡Cutículas permanentes y cenagosas!

Desde que me diagnosticaron depresión me crecen uñas frágiles debajo de las uñas sólidas y me pican y se ríen y me arrinconan y si las tengo largas, por la noche me rasco y me hago heridas y arañazos en la cara y el escote.

Soy la mujer-arañazo.

La ciencia informa: son carencias emocionales no verbalizadas.

¿Qué puedo hacer para no arañarme? Mordérmelas.

¿Qué aportan mis largas uñas en el cuerpo? Lesiones incontrolables, dormida, despierta, en trance, concentrada, entre los matojos o almohadones de plumón.

¿Cómo parar esta psicosis de mordeduras y arañazos? Empezó muy pronto. De pequeña me arrancaba las costras y las sábanas de mi cama se manchaban de sangre. Mi madre le decía a mi padre que siempre, siempre, había sangre en mi cama. Una cama tan ajustada para un cuerpecito tan enclenque, tanta sangre desperdigada y oscura.

¿Qué le pasa a esta niña, por Dios, qué le pasa?

Y restregaba bien, frotaba el Fairy concentrado en las manchas de sangre y salía el manchurrón, aunque quedaba un rastro amarillento, ahí, misterioso.

Cuando me apuntaron a clases de piano, comencé a mordérmelas mucho más: sin compasión y con desgarro.

Mi cuerpo es una batalla perdida. Quien me ha tocado lo sabe. Es como acariciar gotelé herrumbroso.

Algunos de mis profesores de piano me daban guantazos en la mano:

¡Que no se deja la mano así! ¡Levanta, hay una pausa! ¡PLAS!

Me acuerdo de esos golpes como si me los hubieran dado ayer, puesto que los moretones se van, pero el tacto de las manos huesudas, no.

Al menos, estás hecha al dolor.

Mis manos no son de pianista, son yunques oxidados. Una tarde, una experta en formas de manos, ¿quién sería esa futuróloga?, en fin, una mujer con conocimientos ancestrales, me contó que mis manos son cuadradas, gruesas, planas, perfectas para edificar pirámides. Que si hubiera nacido en El Cairo, con el cabello dorado y entre las jorobas de un dromedario, mi infancia hubiera sido distinta.

Como más… ¿esclarecida?

A pesar de que mis manos son parecidas a un atizador de mosquitos, para algo sirven, pues con ellas escribo, alcanzo estantes, desentierro una canica, me lleno de pétalos, pago un pimiento, saludo tristemente, firmo acuerdos, me subo y me bajo la cremallera, desvarío.

VANDRAL RETARD

Es el medicamento que tomo para la depresión. Me provoca hiperactividad, nervios, náuseas, mareos, vitalidad, ganas de destrozar suelos, paredes, montículos, estufas, palanganas. Bostezos. Añoranza. Escasez de posibilidades. Resumiendo el efecto conjunto, diría que me sumerge en un estado de trascendencia alocada.

Como el yoga, pero a toda velocidad.

Si tuviera que compararme con algo, sería con esos muñecos de juguete a los que hay que dar cuerda. Están muertos, les das cuerda y resucitan.

Al principio tomaba una dosis de 75 mg, que es lo normal, y luego me subieron a 150 mg porque no me tenía en pie. Nunca he estado tan agarrada, ni siquiera cuando era un bebé. Me sujetan manos, brazos, muletas, mangas largas y cortas y camisetas de puntilla.

Todas esas manos ni siquiera me han bastado.

Ahora tomo una dosis de 225 mg al día.

Cuando te habitúas a una pastilla que afecta al cerebro, eres tú pero con refuerzos. Diría que cubre al cerebro con una especie de bálsamo para las heridas.

El cerebro no cicatriza, pero el pensamiento sí.

En cierto modo, se trata de que esos pensamientos no contengan grietas y se bifurquen hacia un existencialismo peligroso y nada deseable.

El cerebro es un paisaje. La mente es su ecosistema.

El principal problema de la depresión es que tarda mucho en curarse. Meses. Años. Lustros. Según me han contado, tuve una abuela que sufrió depresión durante toda su vida. Se murió. No la conocí. Y sigue teniendo depresión, bajo la tumba, no se ha curado, la muerte no puede con todo. ¿Cómo va a poder la muerte enfrentarse a la depresión si es la enfermedad más inhóspita, sádica, repetitiva, pegajosa, tiránica, inmaterial y diabólica que he tenido? Todavía no se ha inventado un exorcismo para sacarla de dentro del cuerpo. Los espíritus la esquivan, los caníbales se la comen, los perros gruñen ante ella, el enterrador la echa de menos, el plumero la cambia de sitio, los dioses la respetan. Un día, en mitad de una crisis de lágrimas, le pedí a mi pareja que me sacara esa sustancia flamígera y dañina de dentro. La notaba en el pecho.

¡Sácamelo, por favor, sácame a este diablo del cuerpo!

Notaba una presión, un neumático hinchado, una apisonadora orgánica, siderúrgica en los pulmones.

¡Sácamelo!

Lo único que pueden hacer es abrazarte muy fuerte. Y esperar.

En ocasiones pienso en mi abuela. Lo que debió sufrir. Cómo la debieron tratar. Si llenó un cubo, una bañera o un aljibe de lágrimas frescas. Si con esas lágrimas cocinaron un caldo. Si regaron una palmera. Si se lavaron la cara.

Qué precioso: llevar las lágrimas de tu abuela en la cara. Y hacerse una foto después: clic.

PESADILLA

Estoy cavando un foso para plantar un diente.

Al día siguiente se oyen risas y carcajadas en el interior de la tierra.

CÁPSULA

Creo que ya sé lo que pretendo cuando escribo. El verbo es encapsular, más del ámbito científico que humanístico. Quiero encapsular momentos, dejarlos ahí criogenizados. Lo que me mantiene alejada de la ciencia es su carácter, digamos, deshumanizador, aunque a la vez me siento emparentada, porque lo admito: tengo una colección de cápsulas.

No soy tanto escritora como alguien que se dedica al *encapsulamiento* de fantasmas emocionales.

Necesito un sistema de refrigeración. Una lupa de cincuenta aumentos y una vestimenta quirúrgica. Que alguien me regale una caja fuerte para depositar mi material radioactivo. Que nadie lo toque. Ahora está frágil, moribundo, debajo de mi escritorio. Le doy una patada cuando no me sale una palabra y se vierte todo el líquido amniótico y cefalorraquídeo que he ido atesorando. Necesito comprobar que en mis cápsulas se mueve algo vivo, impetuoso, joven y longevo, que bebe agua y se despereza. Sí, esos son los momentos que me interesan. Los que están cerca del precipicio. Os preguntaréis qué precipicio: en Madrid no hay precipicios, en Mallorca hay acantilados con una casa en la punta del mar.

Una vez soñé que el mar se llevaba arrastrando mi casa de Mallorca, la de las gárgolas, y mis padres, capitanes intrépidos, pregonaban:

¡Aunque nos cueste la vida!

Se habían subido a la torre alta de mi casa, que es como un mástil, y mi madre lanzaba un ancla a la calle, así, sin seguridad ninguna, y se clavaba en la cabeza de un calvo gigante que llevaba un calamar morado y feroz enroscado en el pecho y se quejaba:

¡Señora, cuidado con lo que lanza!

El calamar estaba negro porque le había caído tinta de otro calamar, carbón navideño, ceniza requemada, un derrame pleural. ¡No sé! ¡No se puede interpretar los sueños!

Cuando me desperté, había acumulado un litro de saliva en la boca.

Eso es verdaderamente naufragar.

A los cuatro años me atraían las madrigueras, los pozos, las oquedades, los baches, los socavones, el agujero del sacapuntas, las ventanas que daban a la noche, los túneles que pasábamos hasta llegar a nuestra casa de las gárgolas, que estaba lejísimos: en el borde del borde.

En los libros (acabo de acordarme de Manolito Gafotas y me estremezco) se hablaba de esos rincones oscuros que me atraían. Se hablaba de soslayo. Me hipnotizaban. Me dejaban grogui: resacosa.

Fármaco está escrito para responder a esos libros que me contaban cosas.

De niña es difícil responder, asientes:

Sí, señor, lo que usted mande, señor, por supuesto, señor.

Soy tonta y algo boba, sí, señor.

Ahora tengo voz y voto: tengo libro y tengo venganza.

Enid Blyton me ha prestado sus dedos de escritora fulgurante y Elvira Lindo a su niño raro y Escobar a una Doña Jaimita que solo pelaba patatas y más patatas y caravanas de patatas y es por ellos por lo que la maldita depresión del demonio no me vence y es en ellos, personajes buenos, malos, regulares, en los que me concentro al ver la muerte tan próxima.

Doña Jaimita no existe, ya lo sé, pero la muerte tampoco tiene fisicidad propia y asusta mucho de cerca.

Ni príncipes, ni bellas, ni bestias.

Los libros son mi antibiótico y mi democracia.

FORASTERA

Nací forastera en un lugar de mallorquines. Me crie como forastera comiendo churrascos, migas con ajos, pisto con huevo, asadillo, potaje, estofado, chorizo patatero, queso curado en aceite, chistorra, pipirrana, tiznao, cocochas, cabezas de cordero, berenjenas de Almagro, torrijas. Los libros que más disfruté fueron en castellano. Esporádicamente leía en catalán.

Soñaba en castellano. Me reía en castellano. Prefería eso al *frit mallorquí*, al *bullit*, a las *rondalles* mallorquinas. Bailaba funky, las Spice Girls, sevillanas, rapeaba, imitaba a Will Smith, a Britney Spears.

Los boleros mallorquines me han resultado desde pequeña pastoriles y repetitivos. Mi madre me vestía de *pagesa*, que es un traje de macramé con una falda ancha que disimula las caderas.

Venga, Almudena, de *pagesa* con las demás niñas mallorquinas.

Las demás niñas mallorquinas se llamaban Aina, Xisca, Margalida, Tonina, Mireia, Laia, Joana, Neus, Empar, Marina, Caterina, Miquela, Catalina, Àgueda. De apellidos Alemany, Cabrer, Binimelis, Puigròs, Bonet, Puigserver, Serra, Rotger, Terrassa, Ruitort, Porcell.

He sido la única Almudena de la isla. Sigo siéndolo, creo. La única Almudena del colegio. Y de la universidad.

Me hablaban en mallorquín y yo contestaba en castellano y así pasé media infancia, hablando dos idiomas cercanos aunque diferentes; dos idiomas preciosos y enfrentados, dos idiomas superpuestos, provenientes del latín: el hermano y la cuñada del idioma.

Sus padres son forasteros y claro, esta niña contesta en lenguaje forastero, qué le vamos a hacer.

Con cuatro años una niña me amenazó:

Te van a llevar a la Península en un barco de rejilla.

Con cinco años me gustaba mucho una canción en catalán, me emocionaba:

> *Puff era un drac màgic que vivia al fons del mar*
> *però sol s'avorria molt i sortia a jugar.*
> [...]
> *Hi havia un nen petit*
> *que se l'estimava molt,*
> *es trobaven a la platja*
> *tot jugant de sol a sol.*
> [...]
> *Els dracs viuen per sempre,*
> *però els nens es fan grans,*
> *i va conèixer altres llocs*
> *del món que li van agradar tant.*
> *Que una nit molt gris i trista*
> *el nen el va deixar,*
> *i els brams de joia d'aquell drac*
> *es varen acabar.*

Esta canción va sobre la pérdida de la imaginación. Sobre los seres fantásticos que te dejan y ya no regresan más. Para mí fue demoledora. Cuando paseaba por mi casa con un gusano de seda aplastado en la mano y silbando, mis padres paraban la película que estaban viendo; *Instinto básico*, por ejemplo, porque las escenas de sexo no eran aptas para mi edad. A mí me daba igual. Como si me afectara contemplar un polvazo, un cruce de piernas sensual.

Lo que me destrozó de veras fue «Puff, el drac màgic», que ya no volvería jamás; ese dragón de mis sueños, una vez adulta, jamás volvería, ni en otra vida ni dimensión lejana. Ni aunque lo deseara con los ojos cerrados, los dedos cruzados, el alma en pie y las pestañas en alto.

Lloré mucho. Una vez vino a mi casa un señor llamado Esteban y tocó con su guitarra esa canción para mí. En acústico. Me fui corriendo a mi cuarto; me daba vergüenza llorar por una canción infantil. Tenía doce años, era una mujercita, la regla me encharcaba entera y estaba en proceso de adaptarme al sujetador diario. Ya no lloraba delante de adultos: ni hablar. Meses después, el señor Esteban murió.

En Mallorca es difícil encontrar a personas forasteras. Quizá en Palma sea más fácil, pero en un pueblo como Andratx, es complicado. Mis amigas mallorquinas me dejaban ir con ellas, a cambio de soltarme —o dispararme— algún comentario relativo a mi procedencia:

Eres mallorquina, pero no de pura raza.

Lo de pura raza me recuerda a un toro o a un cerdo ibérico, no sé.

Con trece años —ya en el instituto— la asignatura de catalán se fue haciendo cada vez más extraña: dogmática. No quiero meterme donde no me llaman, pero la gramática catalana es incomprensible. Además, estudiábamos catalán e interiorizábamos el mallorquín y teníamos un lío bastante importante con el artículo *salat* y los *pronoms febles*. Yo aprobaba los exámenes por los pelos. Mis exámenes estaban correctos. Una profesora, pese al esfuerzo, me suspendió porque afirmaba:

No expresa amor por la asignatura, no entrega su corazón al catalán.

Tampoco se lo he entregado a las matemáticas. Y los profesores no se ponían sentimentales, así como amorosos.

Cuando entré de pleno en la adolescencia, me aficioné al rock català. Escuchaba a Els Pets, Lax'n Busto, Sopa de Cabra, Antònia Font y más tarde a Manel. Me encantaban. Tenía un discman y ponía sus cedés a tope mientras daba vueltas alrededor del patio de mi casa y brincaba y tarareaba y sentía las frases como punzadas y verdades revolucionarias, poesía colosal e inaudita era aquella música. Una amiga mallorquina, antes de que me hiciera fan y proclamara una pasión verdadera por estos grupos, me previno:

Nunca sentirás estas canciones como las sentimos las mallorquinas de verdad.

OVARIOS (I)

A los diecisiete años me operaron de un tumor en los ovarios que confundieron con apendicitis, endometriosis, espleno-megalia.

Al final era cáncer.

Desearon a toda costa que fuera una equivocación. Un error médico. Era menor de edad y tenían que extirparme los ovarios. Una niña adolescente no está preparada para que le quiten fragmentos de su cuerpo. Apenas sabe qué significan. Para los médicos, el terror era una posible peritonitis. Y para mí la vergüenza. Siempre la vergüenza. La vergüenza en todas partes.

Ninguna niña piensa en sus ovarios antes de los diecisiete. Los óvulos contienen...

Otras Almudenas.

Almudenas pequeñas.

Diminutas.

Enfermas.

Mi madre intentaba limpiar con sus botas un azulejo cerá-mico y no sé si fue un enfermero o alguien que la interrumpió en su quehacer para aclararle: Señora, el pavimento no se borra.

Cáncer, cáncer, les repitieron con solemnidad a mis padres. Tumor, índice tumoral, su niña. La que ayer estaba bien y quizá no llegue a mañana. La de la sonrisa a medias porque...

¿esta niña sonríe con todas sus letras? Alguien me explicó, con suavidad, que mi cuerpo era como una sala de cine. Y lo importante en una sala de cine es... ¿qué es? Venga, Almudena, aparta la almohada de tu cara: la pantalla, la calidad de la imagen, el encanto, la luz, los actores dialogando entre atardeceres. Tu gran ventana al mundo.

Lo que yo no sabía es que una cicatriz me partiría por la mitad. No estaba preparada para esa división.

Soy Almudena, la de encima de la cicatriz: un seísmo.

Y Almudena, la de abajo, ritmo y piernas: una marcha militar.

STYRON

Me recomendó la lectura de William Styron, del que no tenía ni idea, mi anterior editor, mi amigo, mi gran prescriptor de ficciones interesantes, en su mayor parte morbosas. Un tipo que se hace llamar *Alb*: si te quieres llevar bien con él lo único que hay que hacer es leer con desenfreno, estar al día de las novedades literarias y ser honesto. Esto último es imprescindible y de momento (creo que) lo he respetado. A cambio, recibo un *feedback* valiosísimo como *Esa visible oscuridad* en mi biblioteca pegada al techo. Porque en nuestra casa Dios son los libros y en Nochebuena ha nacido un libro y la Virgen no se está peinando: está leyendo. Para ser concisa: nuestra percepción voltea en torno a un libro que nos conmueve. El planeta, nuestra órbita en alquiler, gira alrededor de un libro que arde, hierve y se mantiene recto.

Por ejemplo, *El bosque de la noche* de Djuna Barnes.

Me causó gran dolor leer a Styron durante la depresión, pero volvería a hacerlo mil veces. El gesto de pasar unas páginas tan repletas de verdad me atemperaba y buscaba sentirme identificada con él. Porque se curó. Y yo no aguantaba ya a mi estado de ánimo: quería matarlo, matar a mi ánimo infame con brujería, hechizos satánicos, lo que sea. En algunos capítulos me sentí en consonancia con Styron y en otros en absoluto. Lo que más me gustó del libro de Styron fue cómo bautiza a la depresión: «la desesperación más allá de la desesperación». No es posible interpretarlo mejor: es una suma de desesperaciones acumuladas. Una desesperación que se convierte en otra desesperación mayor y la desesperación va aumentando como aumentan las familias numerosas o los cardos borriqueros en las laderas silvestres. Es desesperada, la depresión, chocándose contra el cristal de la ventana. La cura consiste, me he dado cuenta, en contenerme. Todo el rato: contenerme. Es un no parar de desesperaciones imposibles de controlar. Llega un día en que quieres estallar de desesperación igual que un fuego artificial y punto.

Que todo acabe descompuesto en brillos de neón.

Ojalá esas desesperaciones amontonadas fueran como quitarse la ropa de abrigo en invierno. Desde fuera hacia dentro: el anorak, luego la bufanda, los guantes, las orejeras, el forro polar, los calcetines térmicos. Ojalá la depresión se quitara desnudándonos, tímidamente y despacio.

TRASTERO

Tengo un trastero a través del cual escalo. Me adentro. Me pierdo.

Si mi cabeza se pudiera equiparar con un habitáculo, sería con ese trastero. Es pequeño, esquinado, oscuro, luz de hospital. Termina en punta y un día, refugiada en la manga de un jersey, había una cucaracha que tuve que sacar y recoger con un asco enorme.

El trastero está lleno de montañas de ropa. Me llega hasta la cintura: es un Himalaya. Hay una madera suelta que no sé a quién pertenece. Una mesa con alas. Una película de Tom Hanks. Rascadores pequeños de gato. Cristales esmerilados. Una bombona de oxígeno. Sandalias de la talla 36, 37, 38. Medias de rejilla. Un papanoel con los brazos abiertos, ¡jo, jo, jo!, y un paquete de arroz caducado. Bueno, ya paro. Hay muchas cosas, muchas. Y yo voy por encima, caminando, pisando nieve, removiendo cacharros con las piernas dobladas.

Se rompen unas gafas de bucear.

Para alcanzar un objeto sombreado que está al final del cuarto, por ejemplo, mi pasaporte arrugado, metido dentro de una caja de cartón de pizza margarita, tengo que dar una zancada, tres pasos que hacen crujir algo allá abajo: ¿un secador tamaño viaje?, ¿rodillos quitapelusas? Suena un cascabel.

Doy un salto.

En mitad de la expedición, me clavo en la rodilla un imperdible que estaba afilado, de punta, abierto y reluciente, que se aguanta entre una foto de mi exnovio y un libro sobre la varicela. Me sale sangre y se mancha un gorro de lana que mi madre me compró en el 2012 para el próximo invierno. No me acordaba de aquel gorro desflecado.

Un cartel con motivos de mariposas: ¡*Bienvenidos! Mi casa es su casa.*

Hay un cuchillo de cortar carne que refulge con ánimo asesino y apunta hacia la palma de mi mano. *Psicosis.* Tengo que esquivarlo. Mi trastero es una cabeza humana en plena crisis y yo voy por allí como quien va en busca de la trufa negra: con cuidado, medio llorando, aguantándome sacos de lágrimas que se me quedan pegados a la garganta.

Un otorrino me alertó: tus cuerdas vocales están irritadas.

Un oculista me inspeccionó: no soy capaz de graduarte la vista; has llorado una ciénaga.

Un saco de cemento no me deja avanzar hacia el final. ¿Por qué tengo una jaula si nunca he tenido pájaro? En el fondo, una sabe que tener las cosas de la vida sepultadas no está bien, no está bien. Pero que están así porque mi cabeza es una sopa removida. Qué le voy a hacer. No es síndrome de Diógenes ni falta de espacio. Es que me da todo igual. Son recuerdos apoltronados, vivencias aplastadas, días de luto, de boda, días en los que suspiré tanto que hay un vaso cubatero que todavía contiene dióxido verdinegro, allá al fondo.

Un día tuve un caracol. Vivía en el techo. Le puse de nombre Crocanti.

No me atrevo a entrar sola al trastero. Aunque sea de mi propiedad. Últimamente he decidido acceder a la cueva del olvido con personas de confianza: mi pareja, mi amiga Matilde. Lo que más me ha costado en la aventura de la vida es que me tomen en serio. Que mis palabras tengan carácter de permanencia. En un momento dado, para que eso sucediera, pensé que tendría que crecer, crecer, crecer. Hacerme voluminosa, tanto como los hombres.

¡Los hombres!

A los siete años me acerqué a un obrero de la construcción en bañador y exclamé divertida:

¡Me encanta Butragueño!

Mi madre estaba harta de mis acercamientos a los albañiles. Mi hermano, mientras tanto, intentaba meter los dedos en un enchufe. ¿Por qué los enchufes tienen el tamaño de los dedos de los niños?

Y la infancia pasaba, pasaron las coles de Bruselas, las tiritas que se nos perdían por los talones y se pegaban en nuestros calcetines blancos de rayas y un horario infinito entorpecido por las curiosidades más variadas: qué asco el queso embadurnado en aceite, ¿qué es ser virgen?, ¿las monjas son felices? Palabras formales que resonaban en mi cuerpo como: la renta, comisión parlamentaria, profiláctico, queroseno.

Había algunos domingos de churros congelados y un charco amable en la entrada de mi casa que pisábamos con deportivas de goma y velcro:

SPLASHHH

Una vez crecida y licenciada, tampoco me tomaron en serio cuando farfullé hace unos meses por teléfono:

No me encuentro bien. Necesito ayuda. Tengo la sensación de estar en una fiesta y, al tiempo, muy apartada.

Quizá, para que te tomen en serio, hay que llegar hasta las últimas consecuencias. Si no sirven las palabras, ni los gestos, ni las señales de humo, ni los gritos, ni mucho menos los llantos o los discursos formales.

No elegí nacer en este mundo en el que, tras un día espléndido, de repente llueve barro. ¡Llueve barro!

¿Qué se puede hacer cuando farfullas algo civilizado y nadie escucha? Si lo estás diciendo con la tonalidad adecuada, despacito, para que se entienda: un micro, por favor. Un altavoz, *merci beaucoup*. Pues mi último recurso ha sido construir un trastero de la locura, mezcla de sobredosis y de emociones, de alfajores y melancolía, de botes de cristal con un grito dentro, lana y tela vaquera y bulimia de algodón, tejido de añoranza, mascotas invertebradas, idas y venidas en aviones baratos (Madrid-Palma, Palma-Madrid) junto a una señora que reza un rosario, que Dios la perdone, mientras tú te quieres morir al despegar o aterrizar o en las turbulencias, pero sin que nadie sospeche de tu fijación por el abismo, la negrura, aterrizaje forzoso en Honolulu y noticia trágica de última hora.

PESADILLA

Por alguna razón, guardo un saco de piedras dentro de un armario. Me despierto por las noches masticando las más picudas.

Al amanecer, tengo la mandíbula rota.

El especialista maxilofacial determina:

Sufres el hábito involuntario de apretar o rechinar las estructuras dentales sin propósitos funcionales. Como paciente bruxómana común no eres consciente del problema y estás en riesgo conjetural de padecer (si tu estado emocional es firme y no varía) tensión a causa de la aventura del vivir y de la nostalgia que produce anochecer cuando se te ha muerto alguien o algo y una clara arruga entre la mejilla derecha y un mentón que sugiere batalla e insolencia entre desconsuelo y zozobra, nerviosismo y alteraciones, preguntas y suspiros, derroches y porqués y un lago profundo y espeso y una casa vacía con solo una alfombra y un cuello que gira hacia el pasado sin esperar ninguna aprobación cerebral, siempre hacia el pasado, como buscando qué, como buscando algún fantasma, si el cuello no está hecho para mirar hacia atrás como una tuerca, puesto que si no adviertes en ti ninguna carencia, la más huraña de las carencias, te acechará fuerte y con más virulencia este vendaval conspirativo que nos mantiene a todos pegados a la pared (deberíamos contemplar a las jirafas que son el futuro de la era vegetal).

Una medida austera sería… Toma nota, ejem, ejem:

Dejar lo irrecuperable a un lado, que la presión dolorosa viene de adentro y es posible que en menos de diez años sobrepases el umbral de los receptores periodontales y, por ende, te aboques a una destrucción masiva de tus rasgos faciales (bastante aniñados e hidratados, por cierto) y a un desgaste irrevocable de la musculatura de gran parte de tu cara, lo que te dificultará –seriamente– el sonreír.

RETUIT

«¿Será "triste" la palabra que más sinónimos y antónimos tiene?»
Aroa Moreno Durán. @AroaMD

MAYÚSCULAS

Este mundo de pájaros perdidos y poemas de invierno me interesa por la muerte. Vivo a contrarreloj, me arreglo, me cuido, me documento, me divierto, me ejercito y leo a Faulkner para morir bien.

Un respeto.

Cuando llegue a ese lugar disecado, infecto, quiero llegar en condiciones y no en un estado cadavérico o desgreñado. ¡Un brindis por la muerte y su invisible autoridad! Sobre todo, lo que más hago es depilarme por si me muero. Simplificando: la muerte puede que sea el momento más mediático de mi vida (estarán todos, creo, mirándome en un ¿ataúd? ¿Suelo de cocina? ¿Barranquillo? ¿Carretera secundaria? ¿Bañera? Y me gustaría que mi imagen en ese preciso instante fuera limpia e hidratada). Por favor, el que lea esto que lo tenga en cuenta: no quiero morir con el pelo sucio, las piernas peludas, los ojos amoratados, el labio partido, una insecto rondándome por el cuerpo y poniendo huevos en lugares cercanos a mis ingles.

Morir bien es un acto poético. Morir con la piel suave y un perfume a rosa recién cortada. No pido más.

Entonces, todas mis depilaciones con cuchilla y aloe vera están dedicadas a la muerte. Todos los cortecitos sin querer y raspaduras e irritaciones y los masajes con crema reparadora. ¿Estoy enamorada de la muerte? Podría ser. En la muerte hay superpoblación, aglomeraciones, colas, listas de espera. Los que compran la lotería ya están entrenados para realizar cola en la muerte.

Confirmado: le debo tanto a esa presencia inhumana que no sé cómo he conseguido nacer. El milagro del nacimiento (tú y yo y otros seres x) tiene que estar relacionado con un deseo impuro y casi divino. ¡Venga a dar patadas y a balbucear!

El nacimiento es un cañonazo.

Yo salí disparada y mi madre no me lo ha contado, que su bebé se estrelló contra la pared de tantas ganas de vida: buceaba en su útero; nací sabiendo bucear y con dos erizos clavados en mis manos. Llevo treinta y pico años en esto de la vida responsable, adulta. Hay un aire tenebroso a mi alrededor que me susurra en mitad de una escalera que ya no suba más. Ni un peldaño. Que baje, que baje hacia los sótanos oscuros de la existencia. Me aconsejan: ¡Pues no pienses! Claro, eso es lo que procura mi madre, que no piense, que no piense y que no piense, pero es que yo no pienso, maldita sea: lo que ocurre es que me llega una voz como de radio desintonizada que tiene poder persuasivo y mucha contundencia. Exclama:

Volatilízate.

Todos los exámenes los he aprobado gracias a esa voz y la mayoría de mis textos tienen esa voz. Me usurpa la personalidad. Me desestabiliza.

Mi madre me habla en MAYÚSCULAS desde que nací y yo le contesto en MAYÚSCULAS. Son agotadoras nuestras MAYÚSCULAS, una infancia entera y una adolescencia repleta de MAYÚSCULAS, siempre en MAYÚSCULAS hasta que nos sepulten o nos entierren con cuidado, MAYÚSCULAS enfermizas, retorcidas, larguiruchas.

ÉXTASIS

En este libro trato de analizar un cerebro enfermo. Un cerebro eufórico. Un cerebro huidizo. Un cerebro tan salpimentado de recuerdos (de onirismo) que lo cogería, lo sacaría de mi cabeza ahuevada y lo metería en la lavadora con una buena dosis de detergente blanco nuclear. A rodar. A limpiarse. A marearse. Algunas veces me duele la cabeza. No es un dolor común: es cuando doy un salto. Vale, no se suelen dar muchos saltos en la vida y tampoco voy a ir a una clínica a explicar que salto y me duele el cerebro, porque si no soy gimnasta olímpica, qué importa.

¿Te impide realizar tareas cotidianas?

Me cuestiono si una actividad cerebral sana es compatible con el éxtasis de vivir. O si el cerebro no está diseñado para quedarse afónico, tiritando, ahogado en conmoción y saturado de sentimientos. Antes le guardaba mucho respeto al corazón como órgano predilecto. Los ventrículos, aurículas, etcétera. Te enseñan desde el colegio a que el corazón (el tuyo y el de todos, dicen) merece apego y bombea y no se cansa del bum bum, por tanto, es el órgano rey. Y sale en las canciones, «Listen To Your Heart» de Roxette, «Happens To The Heart» de Leonard Cohen, en las películas (Agnès Varda visualizó una patata en forma de corazón y se la metió en el bolso en *Los espigadores y la espigadora*), en frases famosas de la historia, en la célebre *Casablanca*: «¿Son las bombas o los latidos de mi corazón?», y en muchos párrafos de obras maestras de la literatura universal.

Recuerdo un fragmento de Lawrence Durrell:

«Me pregunto quién inventó el corazón humano. Dímelo, y muéstrame el lugar donde lo ahorcaron».

Y el título de un libro de Carson McCullers: *El corazón es un cazador solitario.*

El corazón: cazador ahorcado. Podría ser una buena definición de lo que llevamos dentro.

REXER FLAS

Es el nombre del segundo fármaco que estoy tomando. Es mi preferido, a decir verdad. Cuando todo va mal, cuando mis emociones se colapsan y mi mente solo apunta hacia la cocina —hacia los cuchillos de la cocina—, hacia el baño —hacia las cuchillas del baño—, me tomo un comprimido de Rexer y me quedo dormida, en pausa. Estoy dentro de una TV, parada, imagen de Almudena congelada. Eso me gusta: el pause en la vida, STOP, el mundo sigue girando y los camiones del supermercado abastecen las baldas vacías de leche y setas. Deberíamos poder activarlo siempre. El mundo como fotografía.

El Dr. Magnus me dijo que era un antidepresivo suave. Confirmo que sí. Suave y portentoso. El Vandral actúa de una forma menos directa: avivándome los nervios, aunque más eficaz, más incisivo: la pastilla es roja fuego.

Según he leído en internet, estoy tomando dos pastillas (Vandral Retard + Rexer Flas), que en combinación se denominan algo así como California Rocket Fuel. Estoy tomando, en resumen: combustible californiano de cohetes, gasolina de cohetes, podría ir a una lanzadera internacional e impulsarme hacia la estratosfera, estoy llena de carburante tóxico y funciono a propulsión, más marciana que terrestre, con el puño en alto; ya no hay quien me pare: tres, dos, uno, ya.

Se me está poniendo la cabeza cónica, eso es verdad. Y el cuerpo como un boliche. Parece que estoy embarazada y mi culo nunca había sido tan grande: nunca jamás. Me da miedo mirarme por detrás por si chafo a alguien: cuidado, que me desplazo. De hecho, ya ni me miro. Este fármaco, Rexer, es extraordinario pero engorda. Mi cuerpo no es el de antes. Nunca lo será. Me alimento con ansias. Tengo hambre a cada rato; me como una pera en un segundo y medio y me apetecen todos los sabores: cacahuete mezclado con cocido, alcachofa con chocolate, vino tinto con arroz blanco, cilantro con sardinas, yo qué sé, me comería hasta una chuleta reseca debajo de una mesa sin que nadie me viera y me sentaría bien: me he convertido en una hiena depredadora, medio caníbal, medio persona, me conformo con una vida que se base en alimentarme y dormir, alimentarme y dormir, alimentarme y dormir.

La depresión me ha conducido, pues, a los inicios de la civilización, a la vida básica, al jeroglífico, a besar a un dinosaurio Dilophosaurus y a untarme hierbas frescas en la planta del pie, a jugar al fútbol con las manos. Un día me cedieron un asiento en el autobús:

Para usted, que está embarazada.

Y me senté con cara de espanto. Así me sentaba en el pupitre del colegio. Me recordó a ese movimiento. No se olvida: sentarte en una silla de colegio en la que te van a maltratar e insultar. Una vez, mis compañeros de clase me lanzaron una hoja arrancada del cuaderno. Un papel arrugado. Dentro había mocos de casi todos los chicos de la clase: blancos burbujeantes, verdes, negros, amarillos de constipado, rojos de nariz seca. Antes de acomodarme en la silla comprobaba si había una chincheta o un huevo cocido. Ese gesto ya les hacía reír, que yo mirara la silla, por si acaso. Aunque no mirarla era peor: bueno, yo qué sé. No sé qué era peor.

No me daba tiempo a hacer balance: vivía tachando los días.

PESADILLA

El escenario es un hogar apacible. Estoy calentando salchichas pinchadas en un palo dentro de la chimenea. Mi padre mete la cabeza en el fuego y con el pelo en llamas me pregunta si están demasiado chamuscadas.

Con los dedos llenos de grasa y humo, le contesto que están sabrosas.

Mi padre tuvo la melena larga, el pelo sedoso de jinete peregrino, las puntas rizadas, y el sol le regalaba reflejos naturales casi espídicos, biotina pura, cascadas espontáneas en la piel, una cierta aura joven, hasta que llegaron sus hijos con esa necesidad de fuego y salchichas, fuego y salchichas.

WOOLF

Desde que me diagnosticaron «depresión mayor endógena» el tiempo se ha detenido: siento una tensión de no futuro. Intento leer para no olvidar el hábito de relacionar abstracciones invisibles. Uno de los libros que más me ha acompañado es un ensayo de Virginia Woolf, *Estar enfermo*, que da cuenta de la poca literatura que trata la enfermedad como tema principal. Como tema único. Excluye, claro está, los libros de autoayuda o los maravillosos libros metafóricos, puesto que el *Quijote*, en la sombra de cada una de sus frases, relata la evolución de una enfermedad psiquiátrica. O *La metamorfosis* de Kafka, en la que, como explicó Juan Aparicio Belmonte, un escritor amigo con lucidez serpenteante, que me acompañó y guio en Hotel Kafka (ese día Kafka estuvo dentro de Kafka, qué precioso), se plantea qué pasaría si nuestro hijo tuviera la peor enfermedad posible: la peor inimaginable.

Peor que la muerte.

Siendo claros: que nuestro hijo fuera un bicho repugnante a ojos de la sociedad y a vista de sí mismo.

La depresión puede que esté situada entre los males aventureros de Alonso Quijano y los familiares de Gregor Samsa: ahí, saltando a pata coja.

Virginia expresa algo tan relevante y lúcido en su ensayo *Estar enfermo* que no lo podía pasar por alto. Stop siempre que Virginia alce la palabra, stop, porque genias nacen unas pocas al año y Virginia Woolf es de las mentes más hermosas y neuronalmente vívidas que han bostezado en la Tierra Humana. Ella atestigua que la enfermedad nos convierte en seres más perceptivos, espirituales. La enfermedad eleva nuestros sensores cerebrales y se impone como un sexto sentido en nuestro cuerpo que creíamos tan escultural, moldeable y conocido; pues no. El cuerpo es, en esquema subrayado, sexo y desconocimiento. El que sufre una enfermedad mental ve el mundo con la mirada de un pájaro lesionado. Que el daño se transforme en bondad es un aprendizaje inútil y de tejidos blandos deteriorados. ¿Quién dio tan alto standing a la fortaleza? No quiero más metáforas de boxeo, de dos en el ring, ni esteroides envasados al vacío. No más señores con traje militar. Basta de luchar hasta la muerte. Voto por la suavidad de la lana de oveja y por el Osito Mimosín. Firmo donde sea. He aquí una cita vertiginosa de mi querida, valiente Woolf:

«La incomprensibilidad ejerce un enorme poder sobre nosotros cuando estamos enfermos, más legítimamente quizá de lo que admitirá el sano. En la salud el significado ha usurpado el sonido. La inteligencia domina los sentidos. […] No debería permitirse que este gigantesco cine funcione en una sala vacía».

Virginia Woolf nos defiende a nosotros, enfermos depresivos. Es hora de que la fragilidad salga al escenario. Adiós a los machotes y al sacrificio femenino ilimitado. Que la blandura, el resbalón, el desgarro delicado aparezcan en los libros. Sin tanto golpe que nos doble. Sin vanidad y venganza orgullosa: llorar cinco lagrimones gordos que nos pesen en la cara, igual que cuando éramos niños. Que Sísifo descanse, que se destense, que la piedra le chafe y descanse. Haya paz. Es de justicia humana que el tropiezo triunfe. Que se nombre, que se oiga, que vibre. La manía de la moda de la autoayuda al vertedero y a llorar, a llorar, a levantar la tapa de la desolación. Que somos personas perdiendo amores preciosos por el camino. Y duele como un rayo. Y el rayo se clava y después del relámpago viene el trueno, eso me enseñaban de pequeña, pero el rayo qué es: la depresión es el rayo.

MADURAR

Maduré mal. Las otras niñas (y algunos niños) maduraban de forma eficaz. Es decir: si estaban cursando primero de EGB, maduraban como tiene que madurar un niño de primero de EGB. O así los veía yo. No es que yo fuera infantil, ni de lejos, nunca he sido eso, me lo he perdido y qué poco se respeta esa palabra, ¿no?

Infantil: es lo mejor que se puede llegar a ser cuando mides 1,10 cm.

Yo era figurativa. Soñadora hasta los topes, en cualquier lugar, mente dispersa, corazón en las historias, ropa de buzo y desobediente en la sinrazón.

Una voz estridente me perseguía: ¡Espabílate!

Destartalada
niña platónica
en la esquina del recreo.

Una profesora, al acabar su jornada, cerró la puerta de la clase (recuerdo aquella puerta gruesa, marrón, despampanante) y me dejó dentro. No se acordaba de que yo todavía no había salido. De que estaba allí: extraviada.

Mi madre llegó al colegio con un sándwich de jamón y queso para su hijita en la mano, y no me localizó. Estaban los otros niños, jugando a las chapas, fin de clase, inicio del verano, omoplatos al aire. Mi madre preguntó que dónde estaba yo, que no me encontraba, que era así morena, con el pelo medio liso, medio rizado, reflejos de uralita, ojos filosóficos y un polo verde menta. La voz finísima, como rompiéndose al final de cada frase, y una coleta gorda en la cabeza, porque veréis, tiene mucho pelo y hay que recogérselo y cuando le cuentas algo se queda como boquiabierta, que no es que esté en Babia, es que es una niña… ¿cómo diría? ¿Cómo expresarlo? Instalada en el asombro y bastante silenciosa, va de puntillas por el mundo y si cumple años le da vergüenza, cumplir años y que le digan qué mayor no le gusta (¡que le recuerden que es pequeña, tampoco!). No disfruta mucho de los halagos ni los besos, ni es muy cariñosa, es llanamente una niña que anda a su aire y canta canciones en la terraza cuando nadie la ve.

¿Dónde está, por el amor de Dios, dónde está?

Mientras mi madre interrogaba a los niños libres en el patio y a sus padres, yo permanecía tras una puerta robusta. Tengo varios recuerdos vagos, o sensaciones, más bien, de aquel momento. Supongo que grité y golpeé la puerta. La arañé. La aporreé. Y como era habitual en mí, pensé que me iba a morir. Era raro sentirme desprotegida en un lugar en el que me vigilaban con detenimiento. En un primer instante, me calmé al ver que estaba encerrada. No sé por qué razón, me pareció que la profesora (¿Gema, se llamaba?) percibiría que algo no encajaba. Que pensaría en mí. Y aunque trataba de alargar esa tranquilidad celestial de que yo —una niña imprudente— era primordial para los adultos, los minutos pasaban y ¿Gema? no se acordaba de mí y se oían los gritos de felicidad de los niños al otro lado y empecé a sentir sed y hambre y angustia y cloroformo en la garganta y una aguja de reloj clavada en mi cara de hierro duro y un tembleque detrás de las mejillas y no sé si estos son los síntomas, pero tal vez a los cuatro o cinco años experimentara mi primer ataque de ansiedad sin saber qué era la ansiedad y si no me equivoco (¡es difícil rebobinar!) tuve miedo de que aquel lugar se quedara en silencio y a la vez necesitaba silencio porque los niños chillaban allá fuera —una algarabía de agudos— y yo desde dentro:

¡Estoy aquí, estoy aquí!

No se oía nada. Qué horrible era aquello. Además, las luces estaban apagadas y no se encendían dando al interruptor y no lo acababa de comprender, si las luces en el colegio siempre funcionaban, y sentí que el final de mi vida andaba cerca y a la vez mi cerebro buscaba soluciones para que no perdiera la conciencia: hay juegos en el aula, vete a jugar y olvida que no eres importante para nadie, duérmete en una colchoneta hasta mañana y escupe a la profesora con rabia al día siguiente y pégale con tus puños de tres centímetros y tu fortaleza de espiga campestre.

Pasó un tiempo indeterminado. Me senté en el suelo derrotada y culpable de lo que me sucedía, pues tenía la seguridad de que me iban a regañar y ya no quería ser encontrada, o sí que lo deseaba, quién sabe —una niña no entiende de justicia social—, y me fustigué moralmente por no haber salido a tiempo de clase junto a mis compañeros. Maldije mi curiosidad, mi silencio, mi falta de presencia, mi timidez, al fin y al cabo. Maldije sobre todo la timidez que me encarcelaba: un herpes pegado al corazón.

¿Cuántas horas, segundos, minutos, tuve que esperar hasta escuchar la voz de mi madre? No tengo ni idea.

La infancia es lo contrario al paso del tiempo.

Mi madre se acercó a la puerta y me llamó:

¿Almudena? ¿Estás ahí dentro?

Y yo le contesté un sí mayúsculo y cubierto de lágrimas, la afirmación más desoladora de mis primeros años de vida.

Esperé un poco más allí dentro, ya que llamaron a la profesora ¿Gema?, que tenía las llaves, para que viniera a abrirme. Y vino. Y se deshizo en *lo sientos* sin tocarme, sin mirarme, sin abrazarme, sin ponerse en mi lugar. Yo creía que me iban a regañar. Que la regañina me esperaba en casa. Qué cruel este mundo: primero un encierro sin luz, luego un enfado y por la noche más oscuridad. Casualmente, aquel día me libré y la bronca se la llevó esa profesora que recuerdo pelirroja. Noté que mi infancia había triunfado por primera vez, aunque no tardaron en catalogarme como una niña valiente y pobrecita.

Cuando me recuerdo desde los treinta y tres años a los tres años (¡treinta años en el tiempo!) entiendo a mi madre: ¿qué le puedes dar a una niña así? ¿Una piruleta, un coscorrón, un zapatazo, una víscera, un diapasón, una jeringuilla de drogata, un pañuelo para secarse los mocos, las lágrimas, los mocos, las lágrimas, los mocos, hasta que cumpla trece años y le diagnostiquen, no sé, déficit de atención por maduración anormal? La culpa fue mía. Mi madre me tuvo y me amamantó, pero la culpa es del bebé y sus llantos.

Si a pedir perdón se aprende con el daño y la compasión; si a ser mejor persona se aprende conociendo a otras personas mejores que tú; si a rezar se aprende por imposición; si el frío se asimila poco a poco, a una madre no la enseña nadie. Conozco a todo tipo de madres y mi madre hizo lo que pudo conmigo: me adiestró y me regaló un motor con pilas.

Adelante, hija mía, adelante.

Que el motor se haya oxidado al cabo de los años, que me asalvajara durante la adolescencia, que el miedo no existiera en los márgenes de mi conciencia, que fuera férrea y testaruda y de naturaleza introspectiva y sin límites, no fue parte de su trabajo. La formación de un carácter no es una ecuación, es más bien un misterio universal en el que intervienen los enamoramientos, los libros, los bichos bola, las niñas felices, los niños correcaminos, las canicas, las películas que te rompen y las que son un cliché, el sol altísimo del verano, los animales que te lamieron la cara y los que te dieron miedo (a mí me daban terror los pelícanos), las obligaciones fatales y esa fuerza planetaria que se iba cocinado en mi estómago: la rebeldía. Necesitaba soltarlo y pedir perdón, mamá, eres el reflejo de una frase de Marina Tsvetáieva que leo los martes y algunos domingos para ponerme en tu lugar:

«Hay fuerzas que aun en una niña así, no es capaz de dominar aun una madre así».

MEMORIA

Golpear la mesa
como si esa mesa
fuera la mente.

Alba Sabina Pérez

Mi memoria se empeña en recordarme que he sufrido. Que me han dañado. Que he experimentado el dolor en todas sus formas: abdominal, físico y climático. Y los tres a la vez: meteórico. Dolor todopoderoso. Eso solo lo sabe Dios.

He hablado con Dios en dos ocasiones:

La primera, a los catorce años, para pedirle que me concediera el don de tener el pelo liso. Pasé mucho tiempo mirando y acariciando la borla de una cortina. Despacio. Admirando ese objeto colgante como un ejemplo de belleza en su grado máximo.

Solo, Dios, querido –le tanteaba–, solo, Dios volador –le imploraba–, quiero tener el pelo como los hilos de esta borla.

Empecé a ponerle horquillas, coletas, a peinar la borla. Un año entero hechizada con una borla de cortina que colgaba ahorcada. No sé en qué instante se me acabó el enamoramiento. Poco a poco, comencé a tener el pelo más liso. Fue casi extraordinario. Dios me lo concedió. Debo confesar que también me lo planchaba. No sé si será un milagro religioso o más bien eléctrico, relacionado con los iones o la genética del cuero cabelludo. Nadie nunca lo sabrá. El caso es que Dios me otorgó el capricho. Y las cosas fueron mejorando. Estaba convencida de que en el colegio no me aceptaban por tener el pelo ondulado y encrespado. El mal de todos mis problemas era capilar. El acoso escolar era culpa de mi pelo rebelde y de un cuerpo que tapaba con camisetas largas. Sacaba malas notas porque no podía pensar en otra cosa que en mi flequillo rizado. Pudo ser casualidad, que aquello se acabara con mi petición secreta, al lado de una cortina, con una borla mágica en la mano:

Dios, por favor, Dios mío, escúchame desde tu trono galáctico.

Es realmente un honor que Dios te escuche una vez, pero dos ya es demasiado.

La segunda vez fue porque quería ser escritora. No tuve más remedio que volver a Dios. No sabía qué hacer ni cómo empezar. Mis escritos estaban regidos por un jaleo insoslayable de voces y descripciones de la naturaleza. Pensaba en presentarme a concursos literarios de pueblo: del Ayuntamiento de Villatuerta, Fornalutx, Guarromán, Son Sardina. Que mi nombre retumbara en algún periódico local. El Nadal y el Planeta vendrían más tarde. Tenía un presentimiento, y mi intuición no estaba equivocada cuando me repetía que a ser escritora se empieza desde abajo: desde las catacumbas más podridas, desde el núcleo de la Tierra. Por lo tanto, más que escribir, lo que hacía era cavar. Cavar con las manos sucias y una pala de jardinería. Años después ya vendrían el perfume y la estilográfica. El autógrafo junto a una parada cardíaca. El anuncio de mi libro en la televisión:

La autora que TODOS estábamos esperando.

Rendiría homenaje a mi librería soñada: una balda entera de Nabokovs y de Enid Blytons, llena de piropos, exaltación, de caricias, de bodas imaginarias: Ada y Jorgina (alias «Jorge»). La isla de Kirrin y los hoteles de Humbert Humbert, el tío Quintín y Van Veen, la tía Fanny y Córdula de Prey-Tobak. Vladimir Blyton. Enid Nabokov, qué más da, me salvaron de los cortocircuitos que producen los cumpleaños, las formalidades y la rabia pegada a la nuca. Me he casado con sus libros por la Iglesia, por el juzgado y por el pasillo más largo de mi casa. La ceremonia fue apoteósica y solo hay un testigo presencial: un gato con la cara ancha que me mira atónito.

Cavar sin sentido dentro de un folio en blanco. No para sembrar una planta, ni para enterrar a un muerto. Cavar por cavar y encontrarme con piedras picudas, párrafos que no sabía terminar y que sobraban y no me atrevía a borrar con determinación. DELETE. Raíces frondosas que demandaban errores de la experiencia y no me dejaban ahondar más en las historias.

Falta de técnica, de teoría y de lecturas. Gusanos. Liendres. Peripecias. Y sobre todo, escasez de oxígeno. El deseo reclama mucho oxígeno y los pulmones necesitan pasión y la pasión respira éxtasis y el éxtasis se alimenta de delirio y el delirio conduce a la muerte. La muerte es una hondonada.

Don Quijote y Sancho lo saben. Estuve meses escribiendo para un árbol que veía desde mi ventana. Un pino piñonero. Él se movía con el viento y yo escribía acerca de su balanceo. Cuando me atrancaba en un párrafo, lo veía moverse, bailar, y entonces yo desplazaba mis manos por las teclas. Un poco más. Letras, palabras, lo que sea, una exclamación torcida, una pregunta retórica, un qué obsesionado.

No sé si Dios se parece más a un ente nebuloso o a un pino. Lo que sí sé es que mi memoria no recuerda esos encuentros religiosos con placer. Eran peticiones insensatas. El derecho a la intimidad es el derecho a la locura. Y yo lo ejercía, escribiendo y rezando. En esos ratos de soledad agónica (ahí empecé a autolesionarme el cerebro, seguro) con intervalos de impotencia y de autocastigo, me llamaba de golpe mi madre:

¡Almudena, a cenar!

Qué forma de romper el hechizo. Mi madre –lo confieso con todo mi amor– poseía un hacha de realidad. La ferretería de la desilusión. Empezó con un hacha y luego adquirió unos alicates y el gran taladro.

Lo fácil que es romper un mundo. Lo costoso que es mantenerlo.

Ella taladrando el aire de los sueños utópicos y yo luchando contra la vida irrisoria: el filete empanado. Estaba hablando con una foto de Carmen Laforet:

¿Cómo lo conseguiste tú?

Continuaba mirando a Dios, que en mi mente era un pino, cerrando los ojos (en lo oscuro se produce la fantasmagoría) e intentando trasladarme a otra dimensión donde una chiquilla díscola, sin conocimientos ni antecedentes familiares, ni talento heredado, ni desayunos en hoteles, se concentraba en fabricar deseo y más deseo para escribir algo similar a un libro.

Primero hay que llenarse de sustancias fuertes. Me alteran los carteles que exclaman:

¡DROGUERÍA! ¡DESPRENDIMIENTOS! ¡MERCANCÍAS PELIGROSAS!

A menudo clavaba un compás en el asiento de atrás del coche y nadie se daba cuenta. Hubo una época en la que no escribí ni una frase. Para qué, si no eran brillantes, ni siquiera impactaban. Me llenaba de aire esperanzado. Aire purificado con hacha de madre. Miraba el pino que se movía, a Carmen Laforet, a Enid Blyton y a Nabokov y a una araña de patas largas que construía una telaraña que se le deshacía por la noche. La lucha por escribir es siempre la misma: un pequeño temblor poético frente al gran filete de la realidad.

METEOROLOGÍA

Lo de querer ser escritora de pequeña quedaba gracioso hasta que llegué a la edad de quince años. Leyendo libros mis ojos relampagueaban, pero había que centrarse.

Búscate una profesión futura que no sea utópica, Almudena. Un trabajo de maletín. Ya no es tiempo de fantasías: asume tu responsabilidad, estudia y saca buenas notas. Los libros son para las vacaciones.

Los libros habían pasado a ser secundarios, un capricho, un premio. De pronto. Como un accidente de tráfico que te parte en dos: antes de los libros / después de los libros. ¿Por qué de niña sí y ahora no? Porque ya sabía leer. Ya entendía los mandatos.

¿Y las historias?

Bah, las historias están ahí como un plato de lentejas. Sin más.

No soy huérfana y lo soy al mismo tiempo. He tenido que formar mi carácter en ratos muy cortos de luz. En episodios fugaces de noche. Las obligaciones no me dejaban pensar. Venían seguidas: actividades extraescolares inabarcables. Horas enteras en el coche. Vapor húmedo en la ventanilla de atrás. Dibujos con el dedo: la ballena de *Moby Dick*. Añoraba y deseaba jugar. No soportaba el traqueteo que me llevaba de una escuela de música a otra. De un refuerzo de inglés a uno de matemáticas: la calculadora en mi bolsillo se encendía sola entre trayecto y trayecto. Y se gastaban las pilas.

¿Otra vez? ¿Otra vez las pilas? Es que hay que ver. Si al menos estudiaras… Qué sacrificio, por Dios.

Qué hartura.

Además, íbamos mucho al dentista. Demasiado. Hemos pasado la adolescencia completa en el dentista. Me he explotado granos en el espejo de su baño. Me reconstruyó un diente. A mi hermano le llenó la sonrisa de brackets multicolores. Y a mi madre le arrancó la gingivitis de un navajazo. Se pelearon. Su dentadura parecía la de un perro tras morder a un gato. Se tapaba con la mano. Gruñía, se limpiaba.

Almudena, no me mires.

Le llamábamos Señor Zanahoria, al dentista.

Nos cobra por hablar, se quejaba mi madre.

Nos movíamos entre el llegar tarde y el no llegar. Descansábamos en la casa de las gárgolas, abanicándonos. Mis padres consideraban que el mundo les timaba, les engañaba. No te fíes de nadie, nunca. Y realizaban fotocopias de cualquier papel; regularmente me topaba con duplicados de sus certificados y facturas en la panera, en la tapa del váter o ahorcadas en la lámpara candelabro. Todas empezaban por:

A día x del mes x del año xxxx, y con la presencia de x.

Aterrada por el martillo de la justicia y por los jueces con pelucas de ricitos ridículos, se las dejaba a mi padre en la mesa del despacho.

¡Papá! ¡He encontrado un papel!

Pues ya sabes: a la carpeta de los documentos. Hay que ser previsor, hija.

Y yo revolvía aquellos papeles, algunos doblados, un desorden ahí: lo que me esperaba por vivir. Revolvía, revolvía y cerraba la carpeta gorda. Una carpeta que imitaba a un estómago. La barriga de mi padre: llena de números. Se le va a romper la goma, joder, qué fragilidad hay en todo.

Mi padre se ponía corbata los viernes. Solo los viernes. Eso maravillaba a sus compañeros. Si mi padre pasa a la historia por algo, será por eso: encorbatado los viernes.

A los siete años admiraba a las mujeres que salían en la televisión. Los hombres me resultaban bastante iguales, muy parecidos.

Sin embargo, las mujeres.

Había pocas. Dos o tres. A las que más observaba con los ojos cristalinos era a las mujeres que informaban sobre el tiempo. La climatología. Estaban de pie. Elegantes y serias. Hablaban normal. No tenían que hacer un baile o un espectáculo bochornoso. Tampoco entrevistaban a un futbolista mientras se les caía la baba. No se desnudaban. No eran animadoras de un torero. No cocinaban. No eran madres en ese instante. No anunciaban detergentes, ni interpretaban a una exnovia despechada en un culebrón latino. Eran maravillosas, las mujeres del tiempo, mis heroínas. La familia entera les prestaba atención. El telediario pasaba, con sus sucesos macabros, con sus avisos distópicos, no obstante siempre llegaba el gran momento meteorológico en que la mujer, de pie, mostraba su poderío. Nos iba a avisar de si llovía o no. Frío o calor. Nublado o despejado. Anunciaban algo concluyente y veraz, mezcla de biología y de buena oratoria. Olas de calor. Nos vestíamos por la mañana según sus consejos. Si lo de ser escritora era imposible, yo me pedía ser una de las mujeres del tiempo. Con esa varita mágica que señalaba las isobaras: se avecina borrasca y frente atmosférico.

Me deshacía en reverencias.

CARLA

He empezado a cuidar voluntariamente a una niña de cuatro años. Es prodigioso como una infancia dañada se cura con otra infancia feliz.

Lo que me da más miedo es que su tiempo de aerolito rubio se rompa. La llevo a cuestas como una obra de arte, no sé, una figura de Giacometti auténtica. O más que eso. Obras de arte hay muchas, Carla solo hay una: no nacerá otra. La llevo en brazos como quisiera que me hubieran llevado a mí con cuatro años. Bien agarrada, sin pensar en futuras contracturas, con los ojos abiertos y brillantes, inyectándole vida o ganas de vivir: veranos anticipados. La cuido como si cuidara a mi mini-yo; pongo toda mi ilusión y sensibilidad en ella, mares de sentimiento y comprensión para Carla: ella acaba agotada del amor recibido y yo extasiada y con el trauma infantil recompuesto.

Respira, mujer de treinta años, respira ante la preciosidad del mundo.

Me viene bien el dinero que me dan sus padres —estupendos conmigo, familia descubierta— aunque lo que no se imaginan es cuánto me cura Carla, más que todos los fármacos que me corren por la sangre. Se lo conté al Dr. Magnus, cómo es Carla de curativa, precisamente porque no es mi hija, porque su crianza no depende de mí, tan solo su disfrute de animalillo salvaje. Hemos andado descalzas y nos hemos pinchado con una piedra. Le he ayudado a hacer pis detrás de un muro grafiteado. Se ha subido en los árboles y me ha contado que en una de las ramas guarda sus sueños y sus pesadillas; tiene mucho miedo a las brujas sin consideración, pero las dos sabemos que todas viven en un chamizo de París-Francia. Hemos bailado canciones pintorescas en el cine y la he llevado a toda velocidad dentro de un carrito de la compra por los pasillos deslizantes del supermercado. Nos hemos fotografiado en un fotomatón con cara de Maléfica. Ella se ha comido mi helado aburrido de mayor y yo su helado de colorines de pequeña. Me ha regalado dibujos repletos de flores, purpurina, lobos erizados, césped a medio crecer, globos aerostáticos y una frase:

Cuando estamos malitos, el corazón suena como un tambor.

Algunas tardes, después de una juerga frenética en el parque, con el sol movedizo en el cuerpo y la sonrisa tan roja que parece que va a estallar, le doy un baño tranquilo de espuma con una batidora de plástico, un vaso iridiscente y todos sus juguetes.

Algunos flotan y otros se hunden: una metáfora de la existencia.

Me prepara batidos de nata y berenjena y alas de mariposa. Desborda la espuma. Se relaja, aunque nunca del todo. Carla es una niña que disfruta con el aire. Un día la vi parada, en mitad de la acera, solo dejando que su pelo, sus tirabuzones, ondearan al ritmo de la brisa.

En vez de pensamiento, tiene en la cabeza un río que fluye y fluye.

Lo que más deseo es que ese río que la arrastrará hacia los años difíciles del crecimiento desemboque en un refugio de calma, empatía y sentido del humor. Por mi parte, jamás volvería hacia atrás: estaba tan desorientada que chupaba el papel de regalo de mis libros nuevos de cumpleaños. Y no me veía nadie. A nadie le importaba. Luego leía esos libros con avidez, mientras el papel de regalo se desintegraba en mi estómago, porque sin querer, de tanto chuparlo, me lo comía. Los únicos que estaban conmigo eran los libros. Estaba asustada porque me había tragado un papel de regalo. Tenía ocho años y temía a la muerte. Nadie lo veía, a nadie le importaba, salvo a los habitantes de mi libro, a *Konrad o el niño que salió de una lata de conservas.*

¿Me salvaron la vida los libros?

Pienso que sí: muchísimo. Página tras página, notaba que morirme era imposible, a pesar de haber comido trozos de papel de regalo: estaba leyendo y no podía parar de transformarme en otros personajes que me alejaban de la niña que era yo.

En cada baño relajante y disparatado que le doy a Carla y en los que me salpica con agua hasta que se me para el reloj de pulsera, le hago un masaje en la cabeza mientras le lavo el pelo. Le duele la cabeza de tanto exprimir la vida y se queda quieta un minuto con los ojos cerrados, mientras le dibujo círculos en las sienes, y me da las gracias y me comenta:

¿Sabes? El cerebro tiene pupas.

Y yo intuyo que ella sabe que tengo depresión, ¿cómo? ¿Qué poder mágico tienen los niños? ¿Me lee la mente? ¿Ha puesto una cámara oculta en la habitación del sofá del Dr. Magnus? No cesa mi asombro. Ella sigue dando brillo a la vida: abre los ojos, se ríe con las pestañas mojadas y me salpica con agua caliente y a la vez fría y concluye su gran discurso poético con una frase magistral:

¿Quieres un batido de pata de silla, aguacate y fresa? Con extra de espuma.

Por supuesto, le contesto que sí, que quiero esos batidos incomibles y asquerosos. Por primera vez, estoy entendiendo la infancia como un disfrute y no como un castigo. Como una inteligencia que solo dura una época. Un material altamente radioactivo para adultos exigentes. No es justo tocarlo, ni alterarlo, ni manipularlo: no nos pertenece ese tesoro más que de lejos, desde *nuestra delgada línea roja*, desde el sillón aturdido en el que descansamos. Este párrafo contundente me asalta y me entristece un poco, mientras me alegra que Carla, herida de intensidad, siga su camino alucinante de parques y alegría.

STEPHEN

Julia Stephen fue la madre de Virginia Woolf.

Señora metódica, inflexible con el tensiómetro, la bata pulcra y bien planchada, se pasaba la vida en hospitales en los que se recuperaban enfermos graves suplicando ayuda inmediata: un intestino de voces.

Era una enfermera excelente. Y tenía inquietudes narrativas. Se crio entre escritores y filósofos que frecuentaban su casa. Su tío era político. Defendió con vehemencia el agnosticismo. Posó de modelo y la plasmaron en sus lienzos pintores prerrafaelitas. El brazo en ángulo recto. Pelo borroso. Sonrisa frambuesa y torcida. Desnuda, no lo sé.

En su cuaderno de notas escribió: «Las relaciones normales entre enfermos y sanos son mucho más fáciles y agradables que entre sanos y sanos». Su cuaderno de notas es un ensayo. Se titula: *Notas desde las habitaciones de los enfermos.* Lo redactó con un propósito académico y con una solitaria ilusión: ella no tenía ningún título modélico que enmarcar y situar en una vitrina vistosa, pero había aprendido a intuir qué le pasaba a quién si sentía qué. No era enfermera diplomada, no era siquiera escritora. Murió rápido. No pudo ni cuidar de su hija Virginia durante la adolescencia.

Julia Stephen, ¿qué era?

Sabia, altruista, medio madre.

Era ayudante, nada más. Le obsesionaban las migas de pan que se filtraban en las camas de los enfermos. Veía esa incomodidad pesarosa como uno de los grandes males de la humanidad capaz de acabar con la vida de alguien. Una arenisca picajosa entre algodones. Y buscaba remedios a contraluz:

«Una muy buena manera de evitar las migas en la cama de los enfermos es ajustar la sábana bajera con firmeza al colchón con pinzas de enfermera».

«Las migas están al acecho en cada diminuta doblez y adorno. Si el paciente se levanta de la cama, cuando regrese a ella, encontrará que las migas le están esperando.»

«Las migas desaparecen siempre de modo temporal, porque vuelven con cada comida, y hay que hacerse a la idea.»

Las migas de pan: hermanas de la depresión. Julia Stephen menciona, descubre, un mal que apenas se ve, pero que guarda una verdad: la invasión de las migas entre sábanas lavadas. La depresión la forman esas migas de pan (pensamientos horneados, harina escarchada, masa madre llameante) que escuecen, se pegan, se multiplican, vuelven y provocan un llanto intermitente.

«Se ha descubierto el origen de la mayoría de las cosas, pero el origen de las migas en la cama nunca ha despertado la suficiente atención en el mundo científico, aunque es un problema que ha atormentado y agotado a muchos que lo sufren.»

Este apunte lírico, inteligente, da sentido al verbo *cuidar*. Ojalá Julia Stephen hubiera publicado un libro entero sobre las migas de pan y su inexorable retorno. Serviría como manual de creación artística o catálogo de filosofía de la transparencia. Entender a alguien igual que Julia Stephen lo hacía: reconocer sus males invisibles y recogerlos con pulso calmado, las manos limpias; uno a uno.

PESADILLA

Dos gusanos hablan:

Gusano n.º 1: ¿Has estado, alguna vez, dentro de un hígado?

Gusano n.º 2: No. ¿Tú has estado?

Gusano n.º 1: Sí.

Gusano n.º 2: ¿Y qué es lo que hay?

Gusano n.º 1: Palabras.

FOLLAJE

Si algo me gustaba en el colegio, eran los dictados. Me encantaba transcribir. No tenía ni que pensar, el lenguaje brotaba solo y me excitaba escribir rápido y acabar antes que nadie sin ninguna falta de ortografía y vacilar al profesor:

Bueno, y ahora qué.

Era gratificante escribir sin saber lo que vendría a continuación. Me atrae lo que se hace de manera inconsciente, casi desvanecida. Mi panacea escolar se centraba en esos instantes de tensión: las historias incompletas, los dictados que iba haciendo (quizá fue mi primera enseñanza de escritura con huecos), la paciencia de tener que esperar a la frase venidera y el alboroto imaginativo.

En mi cerebro flota y flota una pelusa eterna.

Los profesores dictaban historias de adultos. Un día nos tocó transcribir un párrafo de *Cien años de soledad*. Fue, para mí, un derroche de placer. Me entró fiebre. Se me gastó el boli. Hice las eles muy redondas. Taché una frase para volverla a escribir bien, perfecta, subrayé la palabra *hielo* y me fijé en que mi compañero de al lado la había escrito sin hache. Vivíamos en Andratx, un pueblo con dos supermercados.

¿Qué belleza era esa de no sé quién Márquez? ¿Dónde escondían los profesores de mi pequeño colegio el tesoro de la nubosidad estética?

No eran los mismos cuentos con moraleja que nos enseñaban en nuestros libros de texto. En mis libros de EGB tan solo venían fábulas del perro que habla con el conejo para que no se coma todas las zanahorias del huerto y guarde algunas para su familia. La bondad. La responsabilidad. El buen hacer. Lo de los dictados eran palabras mayores: se parecía más a la literatura. Y yo allí, supurando felicidad con un boli gastado, callándome que me gustaba esa composición del lenguaje.

No sé quién Márquez.

El sol asomaba por la ventana, un rayo de luz entraba y salía por las rendijas de las persianas y uno de mis compañeros jugaba a cazarlo con las manos.

Los rayos de luz son los directores de cine de la infancia.

Creo que era invierno cuando me echaron, por primera y última vez, de clase. Y fue durante uno de esos dictados. El profesor de lengua castellana era algo soñador, algo religioso, muy reflexivo, miraba a lo lejos un pájaro, se doblaba las mangas de la camisa de rayas y siempre comprobaba que los cordones de sus zapatos estuvieran debidamente atados.

En el dictado, salió la palabra FOLLAJE. Yo no era tonta, tenía diez años, y sabía cuál era su significado, más o menos. Aunque difuso. Algo agreste, despeluchado, que crece sin educación. Pero todavía barruntándolo, quise preguntar por el significado de FOLLAJE. Levanté la mano y eso hice. Las risas —al principio, murmullos de risas, qué bonitas son— empezaron a llenar el aula y la mitad de los alumnos se desconcentraron y el profesor no me quiso contestar y yo volví a preguntar por la palabra FOLLAJE porque ¿qué problema había? Bueno, sí, estaba coqueteando con un concepto en el que se entremezclaban la naturaleza y el sexo.

El profesor, después de comprobar que sus cordones estaban bien atados, me prohibió continuar con el dictado y me mandó fuera, al pasillo, por graciosa. De veras que yo no era graciosa: me daba miedo que no se riera nadie, por eso ni lo intentaba.

Qué horror los graciosos que se ríen ellos solos.

Era indecisa. Lo que peor me sentó fue no saber cómo continuaba aquel dictado, la historia del tal Márquez. Y me tuve que tragar un 2,8 de nota que a mi padre le sentó fatal. Desde entonces, la palabra FOLLAJE me acompaña como un signo de rebeldía vital, como un impulso lingüístico.

Entendí que la provocación, cuanto más abstracta y sincera, mejor. Y comprendí el poder que tenía el lenguaje si retumbaba un poco.

RETUIT

«Voy a tomarme una pastilla, antes que la vida me haga efecto.»
(Elena Figueras, *in memoriam*)
David Trías. @DavidTrias

VHS

Al principio, la casa mallorquina de las gárgolas era pequeña. Mis padres la fueron haciendo grande, haciendo chalet. Le dieron un estatus. La casa creció mejor alimentada que mi hermano y yo, que estábamos bien alimentados, pero la casa siempre más. El olor a cemento, a yeso, a barro, a silicona, esos olores los conozco bien.

Soy alérgica a mi propia niñez.

Hay un vídeo en VHS que me descoloca. Lo he visto unas diez veces, buscando una explicación convincente que no he llegado a encontrar. Mi hermano y yo tuvimos una infancia rodeada de reformas. Siempre había una reforma a nuestro lado, por lo que teníamos que jugar en el lado contrario a la reforma. Y un alarido:

¡Almudena, que no te acerques a los albañiles!

Durante un mes, los albañiles y yo fuimos buenos amigos. Me hablaban de fútbol, de Maradona, de Guardiola. Y yo me acercaba a ellos, a ver qué pasaba. En los ladrillos dibujaban flores con mi nombre en el centro. Mi hermano y yo cambiábamos de patio de inventos, de laboratorio de bichos, de peleas, de escuela de peluches, de circuito en bicicleta, según la reforma que tocara en ese momento: terraza acristalada con parasoles fluctuantes. Un aparcamiento ajardinado. Un baño menos. Un tragaluz. Una bóveda. Unas escaleras rústicas para aumentar las vistas. Una sala de costura y otra para los instrumentos musicales. Un gallinero sideral. Una claraboya palaciega.

Mi padre tenía una cámara de vídeo de las antiguas: había que encajar el ojo por un tubo para ver lo que estaba grabando. Mi hermano y yo jugábamos alrededor. En ese vídeo se oyen nuestras voces, nuestros pasos, nuestros gritos. De vez en cuando salimos de pasada, como dos colibríes que cruzan a toda prisa ante un parabrisas peligroso. No estamos enfocados ni dos minutos seguidos. Lo que ese vídeo muestra es la casa y mi hermano y yo de fondo.

Los fantasmas son los hijos.

El vídeo dura una hora más o menos. Una hora de cocina, de descansillo, de despacho, de dormitorios y de porches. Siempre mi hermano y yo de personajes secundarios, con la imaginación como bandera y la resina de la soledad en la piel.

No pasa nada por grabar estancias. Por grabar el aire muerto de una época. En el vídeo hay un momento en que se ven motas de polvo brillantes, como lentejuelas volátiles. Flotan. Y una risa y un llanto de mi hermano al tiempo. Lo hacía: lloraba y reía, comía y dormía, te miraba y cerraba los ojos, arrancaba una brizna de hierba y plantaba un cocotero: ese es mi hermano.

Lo que me asusta es escuchar mi infancia sin verla. La sombra de las reformas. La fascinación de mis padres por el ladrillo y el manganeso. El orgullo por ampliar una habitación, la satisfacción de los lugares diseñados por ellos; los recuerdos tienen varias capas de pintura. El cuadro de mi madre de una mujer vieja jorobada sigue torcido en una esquina del pasillo y mis abuelos ocupan una pared entera: están retratados cariacontecidos. En los cuadros, mi abuela no llora. Sus fotos son más felices que ella.

Mi hermano y yo existimos más de adultos que de pequeños.

HOSTAL SINATRA

La vida continuaba estimulándome, pero
no eróticamente como antes. Antaño veía
el mar y quería hacer el amor con él.

THEODOR KALLIFATIDES

Un día en el que no quería que me vieran llorar, un día en el
que hacía un sol de escándalo y me podía tapar con una gorra
y unas gafas enormes de sol, un día en que sentí que la carga
que soportaban los demás era más grande que mi propia carga (hay días en que no soy una escritora, sino un camionero
que transporta butano y cencerros) me fui a un hostal, cerca
de la Castellana.

Todo el camino hasta allí lo hice a pie (no tenía fuerzas
para coger ni un taxi, ni un bus, pero sí de andar sin control).
Me perdí llorando, como una niña de seis años. Solo necesitaba una cama fresca y abrazarme fuerte a una almohada. La
que fuera. A esa estructura alargada que me ha salvado de las
noches punzantes después de un acoso escolar de mierda.
Gomaespuma. Que me ha aliviado del eco feroz y tristísimo
de profesores y compañeros que se burlaban de mis lagunas y
torrentes emocionales, culturales, artísticos, creativos, con-

templativos y tras la burla soltaban media risita detrás de un bigote empapado en champán. Poliéster. Que me señalaban que tenía una letra «como de moco». Algodón. Que me igualaron a un perro obediente que grita «ruf, ruf, ruf». Blancura. Que cerrara el pico puesto que «aburría hasta a los muertos». Orfandad.

Ese hostal, llamémoslo Sinatra, Hostal Sinatra, disponía de una TV pequeña que no funcionaba, un ventilador que daba vueltas y me lanzaba una arenisca desértica directa a la cama, que era humilde pero tenía una almohada. Escribí esto en el bloc de notas del móvil:

Los días pasan, algunos bien, otros mal, la mayoría aceptablemente. Mi cuerpo traspasa las horas con bastante solidez, pero mi mente no lo consigue. Hay algo que no vuela en mí, y por lo tanto, tampoco junto al mundo. La sombra de mi cerebro es más potente que su luz; un frío helador me atasca la cabeza. Vivo en el Ártico.

En la parte norte del Ártico.

Mis lágrimas son icebergs que caen y caen. Me hacen daño a estas alturas, esas lágrimas, que no son otra cosa que infancia congelada. Me he convertido en una señal de stop, en una mujer que ya apenas se siente mujer, ni ser viviente, ni nada, pues nada me hace vivaz, ni apasionada, ni soñadora, ni tampoco febril ni me regala un momento impetuoso en las mejillas. He estado esperando a que las crisis pasaran. He tenido paciencia. Creo que también voluntad. La generosidad por la generosidad me ha curado mucho. La risa sin querer. La ternura en los ojos achinados de mi gato. Los días fuera del hogar, en Budapest y en El Médano. Las manos de mi tía y sus caricias, sus abrazos, sus comidas. La forma que tiene de coser: sus alfileres irradian amor.

Hay imágenes bellas en este planeta, no puedo negarlo.

Hace más de un año empecé a animarme cuando mi pareja me señaló unos pájaros plateados que volaban en el cielo a través de

nubes negras. *Hay litros de sensorialidad en este planeta. Hay buenas personas. Hay poesía en los manteles de cuadros. Hay niños que
corren y me arrastran con ellos y me dan besos enormes llenos de
babas y restos de chucherías. Pese a todo, pese a verlo y sentirlo, no
me ha bastado para afirmar: quiero seguir aquí, caminando.*

*Desde bien pequeña me han dolido los pies. Al caminar, digo.
Todos los zapatos me hacen daño: me rozan, me crecen ampollas
encima de otras ampollas. Quizá no estaba destinada a caminar
deprisa. Una vez deambulé de noche con unos aparatos de hierro
y rompí un par de baldosas. La cadera torcida. Pero esa es otra
historia.*

*El dolor hoy es más grande. Y lo siento de veras. Noto una opre-
sión en el pecho, un suspiro que viene y va, medio huracanado, que
expulsa, aspira, recoge y almacena aire traumático. Existe una ofi-
cina dentro de mis ganas de vivir. Una burocracia emocional. Un
DNI estropeado. La imposibilidad de tomarme el mundo como
quien se toma una copa de vino: sin pensar en nada y con la debida
tranquilidad.*

Puede que sea lo más cerca que he estado de escribir una
nota de suicidio.

El hostal me costó 27 euros.

CRITCHLEY

Mi temperamento se forjó en una piscina solitaria. No me cansaré de bucear. Aguanto casi cuatro minutos sin respirar. Mi vida consiste en bucear allá donde piso, hondo, subterráneo, hasta encontrarme con el tiburón; ese es mi terreno. Busco quemarme.

Incluso en las noches de tormenta eléctrica: buceo.

En el libro *Apuntes sobre el suicidio*, Simon Critchley recalca que gran parte de las cartas de suicidio deberían considerarse altísima literatura. Aunque cueste verlas como tal. Todo su ensayo se alborota, se ramifica, se desgañita, se superpone dando vueltas a las notas de fin de vida y por qué nos cuesta entenderlas como literatura en su grito más alto. Si realmente lo son. Si fueron escritas con el aliento último: la tinta del adiós. ¿Por qué no se publican más libros que recopilen las cartas de suicidio de los artistas? Cinco o seis tomos. No se cuentan ni con los dedos de una mano. Una editorial: Suicidio Ediciones S.L. Si tantos escritores, pintores, directores de cine, experimentaron depresión, locura, esquizofrenia, TOC, vértigo abismal, deseos mortuorios o se enrolaron en una secta que les instigaba a vestir de blanco impoluto y a rondar por los bosques en busca de almas perdidas. Si las cartas de suicidio suceden, no hay que esconderlas. Es lo que nos queda: ese papel arrugado tras la nada.

Si a mí una persona que quiero me dejara una nota de suicidio en su mesita de noche, la analizaría gramaticalmente palabra a palabra, hasta sacarle todo el jugo. La perfumaría con el olor que transmitiese su pérdida. La guardaría en el interior de una cajita de música en la que sonara, no sé, «Into My Arms» de Nick Cave o «The Blower's Daughter» de Damien Rice. La trasladaría al latín, por si me aclarara algo su raíz primera. La traduciría al francés, que es un idioma elegante.

TRASTOCAMIENTO

Me caigo. No sé en qué parte de mi cuerpo está la herida. Me doblo. Me crujen los músculos y se tensan mis articulaciones. Me retuerzo. No sé en qué parte de mi cuerpo está la herida. Me estiro. Me rompo el codo. Me estremezco. Me estrangulo. No sé en qué parte de mi cuerpo está la herida. Me encuentro con la cabeza girada. Ahora tengo ojos en la espalda. Y en la nuca. El hombro se me ha salido. No sé en qué parte de mi cuerpo está la herida. Me intento recomponer. Doy la vuelta. No puedo ponerme en pie. Me duele la parte baja de los tobillos. El meñique. El dedo gordo. Sufro un trastocamiento. Tengo que llamar urgentemente a alguien. Una mesa camilla. Tengo que contactar con alguien. Intento alcanzar el teléfono móvil arrastrándome con el hueso duro del cóccix y noto cómo mi pupila se me ha ido mucho a la derecha, mucho a la derecha, me duele la pupila, el iris, me duele la pestaña número veinte. Me arrastro más con el hueso del hombro desencajado haciendo de clavija. Estoy cargándome el parquet, el parquet caro de un piso que no es mi piso. Lo agrieté clavando un hueso, tendré que confesar, dar parte de mi locura, me dará un ataque de vergüenza y rabia y pobreza. La pobreza también es un sentimiento moderno, un sentimiento actual.

Alcanzo el teléfono móvil y con la parte entera del cúbito, aunque rasgado, acorazado, llamo al 123, 123, responda otra vez, qué le ocurre, no tenemos mucho tiempo, no le sucede a usted la única emergencia del mundo, por supuesto que no trabajamos durante todo el día, qué le ocurre, que si no sabe en qué parte del cuerpo está la herida, búsquesela, búsquesela y cuando la encuentre ya nos llama de nuevo con algo más concreto, más específico, por favor, no estamos para cháchras ni para grandilocuencias, ni bromas poéticas, ni esto es un programa musical de Los Cuarenta, ni confesiones a deshoras, pero estamos a su disposición. Cuelgo. Oigo un pitido, pues estoy otra vez sola con el cúbito encajado entre dos piezas de parquet, me estiro intentando que los músculos, que los huesos, que los pulmones vuelvan a su sitio: los seres deformados no son bienvenidos, no lo son, me vienen a la mente Quasimodo y Frankenstein, y tampoco los seres bien formados son bienvenidos, pero qué más da eso, qué más da cuando vivo y reviento de lágrimas porque no sé en qué parte de mi cuerpo está la herida, aunque la busco, la invoco y la imagino.

Con la garganta clara, la pureza que precede a la sinceridad y una pequeña tosecilla previa, me hago una bola esférica y grito: Dios, llévame rodando por tus toboganes cristalinos de la cristiandad, porque no lo sé.

JERUSALÉN

En Jerusalén hay una sala en uno de sus hospitales con atención psiquiátrica dedicada a personas que se creen Jesucristo. En la planta de locos. Me enteré por casualidad, viendo una serie, y me pareció un estupendo fenómeno literario y psicológico. Cómo confluyen la Biblia y la realidad difícil. Cómo se anuda la literatura con la vida, la alteración cerebral a la que estamos sometidos: siempre como salvación, porque una, de pequeña o de grande, mira las estrellas, allá a lo lejos, todos esos puntos brillantes que aparecen y desaparecen y se apagan y tienen una definición pero a la vez son inconmensurables, intocables, inexplicables, hermosos, y no sabe qué decir ni qué pensar.

¿Qué?

A los Jesucristos y a las Jesucristas del hospital de Jerusalén (porque también hay mujeres) me los imagino hablando entre ellos, haciendo lo que hacemos dentro del capitalismo pero en una sala de hospital: compitiendo por ser más Jesucristo/a que el otro. Envidiando al Jesucristo/a que tienen al lado. Haciéndole la zancadilla. Rompiéndole la túnica. Dejándose la barba larga (las mujeres, el vello púbico), presumiendo de milagros nuevos, más experimentales, más estéticos, como embarazar a un hombre soltero con sentimientos paternales. Convertir un cerdo en una mosca. La lluvia en caricias. El sol en una rosa famélica. Un niño embarrado en una niña de pureza mesiánica con la lengua azul de tanto chupar piruletas. Quizá los Jesucristos/as traten de escapar de la cuesta arriba del mundo de esa forma: creyéndose personajes de la literatura. Creyéndose mejores, seres milagrosos.

Lo que hacen es robar las sábanas blancas de los hoteles y ponérselas alrededor de la cabeza o a modo de traje, en fin: crearse una indumentaria propicia. Luego salen al escenario bíblico y vagabundean, se pierden, caminan y caminan hasta que no les encuentra nadie. A algunos de ellos los encuentran entumecidos y deshidratados rumiando el nombre de Jesucristo y otros están intentando curarse un rasguño ensangrentado con el poder de las revelaciones. Uno, en concreto, tenía tendinitis en el cuello porque solo miraba a las nubes y aseveraba, sin vergüenza, sin reparos, que era capaz de moverlas. Las nubes obedecían a sus pensamientos.

Todos hemos caído. No están locos. La mente es juvenil y se atasca en los libros que nos enamoraron: un profeta de la Biblia, Pinocho atornillado o Anacleto Agente Secreto y su cigarro eterno, Gregor Samsa pataleando angustiosamente del revés, Don Quijote alucinado y cuerdo y normal y constipado y apalizado, Lucette lanzándose al mar entre dos olas turbias, Susan, Neville, Jinny, Percival y Bernard manoseando virutas de pan y llamándolas «gente», Zipi y Zape desnudos dentro de un barril, Alice en las ciudades y la otra Alicia en el País de las Maravillas, Bianca Castafiore cantándole a un loro, Guybrush Threepwood con una cacerola en la cabeza, Celia y la Revolución. Y está bien ser dueños de ese fugaz encuentro, por un rato, allá en la Ciudad Santa.

BLABLABLÁ

Escribí mi anterior libro, *La acústica de los iglús*, en una mesa con la pata coja. Me notaba en consonancia con el mueble: dando trotes y galopes tras cada palabra de alivio. Escribí una masturbación espacial a manos preciosas de una mujer valiente y la volvería a escribir mil veces. Fue de los momentos más triunfales de mi vida. No creo que vuelva a escribir nada tan fuera de lugar. La mesa se quedó quieta durante la masturbación.

¿Qué es la escritura sin una mesa coja? Es mi maestra: la mesa dañada. Escribir y cojear es todo.

Ni siquiera le puse una servilleta fruncida a la pata dañada. Disfrutaba de lo incómodo de las palabras y de la inconsistencia de la mesa a partes iguales. Era como una mesa de bar: endeble, de borrachos fúnebres, que me señalaba los errores que se tienen en la escritura, puesto que siempre se puede emocionar al lector más y más y yo no quedaba satisfecha: la emoción siempre está lejos de las palabras. Está más en los silencios, y cuando empezaba a llenar el folio en blanco de palabras y más palabras y más palabras, me encontraba aterida y cabizbaja con el riesgo de desbocarme y de que mis palabras sonaran otra vez y otra vez y otra vez a blablablá. Le pasa a la mayoría de los libros. Entro en una librería de segunda mano y se oye de fondo: blablablá,

blablablá. Esa es mi lucha como escritora: la lucha contra el blablabá.

Ya no escribo en una mesa coja. Era demasiado precario y musical. Andaba escribiendo a lomos de un caballo y me creía una vaquera bucólica.

No existen maestros ni maestras. Existen personas que enseñan heridas con atrevimiento.

Siempre me ha dado mucho miedo padecer esquizofrenia. Desde bien joven. Desde los once años. La imaginación desmesurada tiene esa doble vertiente: que te la crees. Por la noche, cuando me desvelaba, no dejaba de pensar en historias y fantaseaba con que un pordiosero me miraba desde un rincón. ¿Dionisio Rituerta? Llevaba una gorra de rombos marrones y era de ese tipo de mendigos sabios que te lanzan un discurso y te renuevan la cabeza. El indomable Dionisio Rituerta. Llegué a creerlo tanto que lo vi. Que casi hablé con él. Que me enamoré y lo odié y lo maté y lo enterré detrás de un almendro seco. ¿Dionisio Rituerta? ¿Se puede enterrar a una creación proveniente de visiones nocturnas subjetivas? Sí, igual lo vi. A lo mejor era verdad. Era un hombre, un maestro, creador de mesas cojas. Quién sabe. Considero, sin ningún diagnóstico formal, solo por el poder de mi mente perturbada, que sufrí esquizofrenia durante tres horas seguidas cuando entraba en la adolescencia.

Me crecieron los pezones y la esquizofrenia.

Mi mente es similar a una televisión a la que se le rompe la antena. Se vuelve la pantalla rayada, gris. Y cambias de canal y otra vez cobra protagonismo la pantalla gris. Y las rayas y el gris, alternándose. Y apagas la televisión y entonces ves la pantalla negra y es peor y corres y te tomas un Rexer Flas porque ya no puedes más y el fármaco, gracias a Dios, te salva durante un rato, durante unas horas en las que sueles tener pesadillas pero no están ya en la vida real.

Las pesadillas, si son nocturnas y en la cama, se pueden soportar. Lo que no se puede soportar es lo que pasa en el mundo sensible.

Qué fuertes somos en los sueños.

INYECCIÓN

La depresión es un giro argumental hacia el dolor. Vivo con un cerebro marchito y lo que hizo el Dr. Magnus («Recetar es un arte», constató el otro día) es poblarlo de océanos, buganvillas, volcanes, golondrinas, protozoos: hacerlo químicamente vivible. Me gustó esa afirmación, pues nunca había pensado que el arte se encontrara en una receta psiquiátrica. Un big bang cerebral. Empezar de cero. Encender la luz. Nos vamos llenando de química, sin darnos cuenta. La vida es química y sentimiento. Por un lado: lo que sientes. Por el otro: lo que te tomas para seguir sintiendo.

No es que fuera un témpano de hielo, pero había dejado al mundo de lado. Así como arrinconado. Barrido en una esquina, desatendido bajo el sofá. Para no verlo ni un centímetro. Para no toparme con él y solo estaba yo y la tristeza, yo y la tristeza: una tristeza de corpiño ajustado en toda mi cara. Y la palidez.

Y la desgana hasta para pronunciar mi nombre.

Almude. Me quedaba ahí. Ni siquiera mi nombre entero lograba decir.

Me he puesto química en el pelo. Química en el cráneo. Química en el hueso femoral y en la nuca. Química rubia. Química en las pestañas. Química en las uñas. Me he teñido para ser una mujer química. Me aconsejaron que me pusiera al sol como una piedra inamovible. Y que me dejara tostar. Que entrara la luz por mis cabellos y por el mapa dibujado en mi rodilla. Que sudara al sol con un abrigo rojo, con el amarillo ondulante y así lo hice, en un banco, aletargada y drogada, mientras miraba el caparazón con reflejos verdes de un escarabajo pelotero. Hay que incrustar la vista en los seres sencillos. Cuando de niña me inyectaban vacunas, fijaba mucho la vista para no marearme. Buscaba un horizonte: una baldosa sucia, el botón de la camisa del practicante. Un enfermero se distrajo, me hincó fuerte la aguja sin querer y por eso tengo una cicatriz muy redonda, muy redonda y profunda en el brazo. Parece un hormiguero. Un día saldrán hormigas brillantes y me recorrerán el cuerpo.

Inyección de luz. Así lo hice durante meses y meses: reconciliarme con la luz, dejarme atesorar por ella (te conviertes en esfinge si te dejas), absorber por ella, hasta percibir cómo se evaporaba, paulatinamente, el monstruo invisible, el monstruo atroz, el monstruo comesombras, el monstruo patológico, el monstruo taciturno.

Un exorcismo de luz. Ahora soy rubia, si me miro un segundo: rubia platino.

SCHULZ

Me enseñaron el adjetivo *triste* en el colegio de pasada, entre el sol que amanece y el que arrecia a mediodía. Lo aprendí sin profundizar en su contenido, campo semántico o importancia. Todas las palabras eran iguales. Debía tragar saliva y pronunciarlas: *tabernáculo, cochambroso, dioptría*. No me iban a escuchar dos veces.

La inmediatez causa estragos.

Cuando eres una niña se te juntan las vocales, el crecimiento, la caída de un diente, el escozor del jersey, las tablas de multiplicar, familia por parte de padre, de madre, el paso del pañal al WC, lo sólido, lo líquido, el cariño, los celos, el miedo, la sal y la pimienta. Te conocerán por tus gestos, por tu actitud ante la disciplina, por los disparates que revuelven el aburrimiento de los adultos, por la capacidad de ablandarte en la cama y endurecerte en el agua fresquísima de la bañera.

Charles M. Schulz inventó al niño mortalmente deprimido: Charlie Brown.

Los expertos están a la espera de saber si un niño es un ser vulnerable, posible víctima de la tristeza. Unos afirman que sí, otros que no, y la vida se esfuma, va pasando a nuestro lado disfrazada de metafísica del esperpento. El papel higiénico se acaba mientras una nube se desintegra sin recuperar esa forma de elefante que divisamos una noche de niños: jamás, jamás. Hay que estirar el final de las cosas. No hay cura.

Me cuesta escribir Schulz como me cuesta escribir Nietzsche. En la adolescencia utilicé esa peripecia ocurrente para ligar con un tipo mayor que me gustaba un poco. Me gustaba su olor. El olor a hombre mayor, colonia de caballero, sí, señor: ¿a aftershave? ¿A trigo polinizado? ¿A varilla de Mikado?

Tenía coche, veintisiete años, yo dieciséis. Olía a ambientador del hogar, a margaritas frescas machacadas y a limonada, me daba clases de repaso de matemáticas y el olor se quedaba pegado a las páginas de cuadros grises, de números agresivos, soluciones exactas. A los tres segundos, esa rigidez numérica se disipaba con su olor: cítricodulce.

Yo esnifaba mi cuaderno de matemáticas.

Llevaba el cuaderno a cualquier lugar. Una vez lo esnifé en catequesis, Dios bendito. Y a mis padres les gritaba (siempre nos suele separar una puerta) que por supuesto estaba estudiando matemáticas cuando en realidad esnifaba a mi hombre adulto mayor, tan mayor que daba miedo.

Las ecuaciones y yo nos drogábamos de colonia de hombre trajeado.

Charlie Brown es un dibujo inadaptado. Sonrisa arrugada. Dos pelos en la nuca. Un revoltijo en la frente. Cara de pan. Unos ojos que no saben en qué lugar posarse: ¿dos pájaros? Y una grave desorientación de porqués. Por qué está allí, por qué las cosas le salen mal, por qué no es más atractivo, por qué tiene un perro que vive feliz y él no duerme por las noches. Al perro lo conocemos de sobra: Snoopy. Es gracioso, pasota y divertido.

Pero Charlie Brown.

Un niño deprimido no suele ser atrayente. Y sin embargo, Schulz lo reivindicó. No paró de reivindicarlo durante cincuenta años. Estaba enamorado de ese Charlie de boca triste, pasmado, que se despertaba en mitad de la noche con interrogantes acerca de la muerte. El aburrimiento le llevaba a pensar, nunca a jugar y, si patinaba sobre hielo, era el primero en caerse. Nunca le salían heridas. Nunca sangre. Nunca vampiros. Nunca monstruos. Nunca telediarios. Nunca violaciones.

Tristeza de tira cómica protagonizada por un niño al que, poco a poco, fue robando el papel principal de sus historias un perro vago y cariñoso.

El milagro es que se ha puesto de moda y está ilustrado en varios de los pijamas de la tienda Women's Secret.

Charlie Brown, dormimos contigo y con una bolsa de papel en la cabeza.

RETUIT

«La poesía es un inhibidor de la recaptación de noradrenalina y agente neurotónico.»
La_poesía_es@poesia_es_Bot

DESPLUMAR

Los veranos de mi infancia los pasé en el pueblo de mi madre: está en La Mancha y se llama Porzuna. Todo el pueblo huele a carne fresca y a jersey viejo. Hay cuatro bares, una churrería que está abierta, sea Nochevieja o día de guardar, un parque con columpios que se mueven solos. Hay una discoteca a la que nunca acude nadie, pero suele abrir los fines de semana y conserva el encanto de los ochenta. Hay un señor mayor con marcapasos sentado en el portal de su casa que te cuenta un chiste, el único que le permite ya el malvado alzhéimer:

¿Quién es la mujer del pato?

La pata.

¿Quién es la mujer del cerdo?

La cerda.

¿Y la mujer del caco?

La caca.

Y estalla a reír.

El pueblo es como cualquier pueblo afectado por lo que llaman La España Vacía. Hubo felicidad en esas calles hace veinte años, carreras de niños y globos de colores baratos, hasta pompas de jabón que volaban libres y explotaban con júbilo cerca de una farola de la plaza. Guirnaldas. Bombillitas. Folclore. Un puesto improvisado donde vendía petardos un tal Feliciano Brusconte.

En esa época feliz, con cinco años, desplumé a una gallina. La mataron en el patio de casa de mis abuelos, cortándole la cabeza a cuchillazos, y comenzó a correr desaliñada y dio vueltas y se chocó con la pared con las garras dobladas, aleteando hasta el último suspiro. Aguantó unos minutos sin cabeza (¿sin cerebro?) y no tardó en quedarse tiesa. El patio entero se llenó de sangre y de vísceras y de venas y arterias y glóbulos rojos y plumas y coágulos y el pico por allí arrastrado y no sé qué más, una cresta o algo: la cabeza (Dios, recuerdo que me guiñó un ojo o quizá fueran alucinaciones) descansaba en una maceta vacía como una planta o un trofeo vikingo, yo qué sé. Que alguien me lo explique.

Horas más tarde, me tocó desplumarla poco a poco. Con mis dedos cortos y gordos de niña de cinco años. Pluma por pluma. La gallina estaba entera en un barreño azul con agua, de eso me acuerdo bien, y yo iba quitando las plumas con una sensación de extrañeza inusitada. Ni siquiera llevaba guantes. Tenía que tirar un poco de la pluma porque se resistía a quedarse en el cuerpo muerto de la gallina, así que cada pluma era un misterio, sonaba una especie de *crrrek*.

En cierto modo, ya me estaba familiarizando con la muerte, ¿no? Pluma por pluma, hasta la desnudez completa.

La última pluma fue la definitiva: ¿la quito o no la quito? La quité y a la gallina le dio un escalofrío robótico, como si hubiera experimentado el pellizco final de la vida: un recuerdo de la esencia de haber pertenecido a este planeta desbordado de belleza y miedo. Y nos la comimos. Cada uno de mis mordiscos fue filosófico, puesto que la gallina y yo habíamos vivido instantes muy plenos de intimidad y rareza y yo lo único que hacía era obedecer. Desplumar, morder, tragar, digerir. Estaba buena la gallina, aunque al mismo tiempo pensaba que se desprendía algo trascendental más allá de la carne del pollo. Además de la cuestión nutricional, me asaltaban conceptos.

Mis padres, mis tíos, bebían. No saben cuánto les he mirado. La mejor forma de aprender es mirar. Callar y mirar a la especie humana. El ruido se aprende fuera: después del nacimiento. Se aprende a contestar a aquello que te hiere la dignidad, a defender tu golpeada dignidad, constantemente, a proteger tus sensaciones vividas, lo que te ha traspasado el cuerpo, lo que te ha dejado maltrecha, lo impronunciable, lo infeliz y lo feliz al mismo tiempo: el mensaje privadísimo, la locura de entonces, que tenía sentido, las veces que me mordía el puño para callarme la boca, porque me estaban tocando (¿tocando? ¡Manoseando!) mi parte invisible, la que no puede ser nombrada, ni abrigada, esa materia insondable, ni por fuera ni por dentro, alrededor, que se forma al nacer y ya no se quita: es pegajosa, necesita un abogado y huele a gallina muerta.

TUMBA

Visité la tumba de mi abuela, que está en Porzuna, el año de mi depresión. O dicho de otro modo: me llevaron a visitarla. El depresivo es un monigote; te llevan, te traen, te suben, te bajan, te recetan miligramos y te quedas las veinticuatro horas muda, con una mancha de almizcle pegada a una camiseta de manga corta, aunque sea invierno.

Llegamos a la tumba de mi abuela a mediodía: reposaba sobre ella un sol radiante. No sé qué pasa en los cementerios que se acumula el polvo y crecen desaforados los matojos. Los muertos son seres salvajes; descansan tumbados en las raíces profundas de la tierra.

A mi abuela, aquel día, la visitamos tres: mi madrina, que se llama Almudena y es un honor llamarme como ella, mi madre y yo como condimento adherido inevitable.

Ya era hora de que conocieras a tu abuela, me dijo no sé cuál de las dos.

Primero le quitamos a la tumba las piedras, las piñas, las cacas de paloma que se habían secado entre las letras de su nombre: A N A S T A S I A. La basura volátil. Tras la limpieza, intenté comunicarme mentalmente con ella, con mi abuela fallecida, pero entonces empezaron a picarnos las abejas, enrabietadas, en los pies, en los dedos frágiles de las sandalias al aire, en los tobillos indefensos y creo que fue mi madre quien gritó: ¡Ya vienen las abejas!

Y es que resulta que la tumba de mi abuela está rodeada de panales. Que la protegen. No se acerca ni Dios a mi abuela: es infranqueable.

Yo llevaba pantalones largos y deportivas y conseguí librarme de las picaduras más furiosas jamás contadas. A mi madre y a mi madrina les picaron tres o cuatro abejas gordas un puñado de veces. Y esa fue mi corta experiencia junto a mi abuela, que yo esperaba mística, íntima, reflexiva.

El cementerio estaba desolado y sudábamos y ellas gritaban de dolor a cuarenta grados al sol y daban saltitos y trataban de resoplar sin hacer muecas y se dirigieron a la entrada del cementerio, donde un hombre (un tipo medio enfermero, medio policía) sacó una botella de agua de una mochila isotérmica y les echó agua fresca, helada, en los pies, a mi madrina, a mi madre, y ese gesto pasó ante mis ojos en más de diez ocasiones: chorros y chorros de agua y hielo picado en los pies de ellas.

Lo frenético dentro de la quietud.

Mi abuela es la abeja reina.

EPIGENÉTICA

Existe una teoría que, en principio, resulta inverosímil pero que luego, comparándola con las cosas descabelladas que suceden en la Tierra (el tucán tiene un calefactor en su pico, los hermanos gemelos la misma huella dactilar, existe una aplicación para hablar mediante maullidos con tu gato y hologramas que dan conciertos en directo), es para tenerla en cuenta: poética, compasiva, un alivio, un estudio universitario; para guardarla en un cofre recóndito, por si la extinción. Consiste en la posibilidad de que los traumas se hereden de padres a hijos. De que el trauma haya sido tan potente en el progenitor, que la madre en la barriga se lo transmita al bebé. El trauma entrando por carreteras desviadas. Esto estaría marcado en la genética del menor aunque no aparecería en el código genético como tal, pues no es un hecho científico, sino más bien psicológico, conductual, impalpable.

El trauma como alimentación secundaria.

Conozco a un forofo de la música que quería contagiarle su fervor musical al bebé que iba a tener con su mujer. Y le ponía auriculares a la barriga de su mujer embarazada. Combinaba música clásica con los Beatles, yo qué sé, de todo, hasta Iron Maiden y Nirvana al bebé. Cada día, la barriga de aquella mujer crecía y crecía junto a unos cascos que se caían, resbalaban, a pesar de que el marido le diseñó un cinturón indecoroso de seguridad a medida. No imaginaba a un futuro hijo sin esa pasión heredada.

Los fetos escuchan voces y publicidad y lo de fuera y el crepitar del fuego, las obsesiones y los insultos, el berrido de una oveja y a un soldado mandando: *¡Fiiiiiiiirmes!* Oyen hasta lo que no quieren oír. Nacemos escuchados.

No seré la única a la que le pasa algo desde bien temprano. Que no sabe bien qué le pasa. Mi escritura sensible está volcada en resumir, una y cincuenta mil veces, qué le sucede a un corazón humano cuando anochece, por qué tanta nostalgia y lluvia y veneno cuando pedaleo en bici estática y me paro frente a un acantilado a averiguar por qué nos lanzamos o somos tirados en forma de nube volcánica y qué hay más allá de este suelo acartonado que cruje y no se agota al sentir nuestros pies después de un trabajo uniformado. Escribo para un corazón que grita más que bombea, que se supone que al fondo del barranco, a los noventa años, tendrá un deseo que pedir, todavía, ante una tarta de queso, puesto que el mérito reside en tener, muy vieja, muy viejo, un cometido que soplar hacia una tarta de queso.

Y si eso al fin sucede, es oportuno conservar el tímpano fino para los aplausos que siguen al logro de haber llegado tan firme y roto hasta aquí, hasta esta magnífica tarta de queso con velas llameantes (las tartas también se heredan, cuidado) con quince contracturas y una arruga de riachuelo bravo habitada por peces y barracudas y algas flotantes que anuncian que sigo estando viva, abrazada a la filosofía de siempre:

Qué es lo que nos pasa sin saber lo que nos pasa y refugiada en un libro que me tape toda la cara.

MÁS ALLÁ DEL LLANTO

Que no es depresión, que es más allá del llanto, le comento al Dr. Magnus. Que no habrá psicotrópico que me devuelva la explosión de la niñez.

Que lo que intento es saltar hacia el pasado. Arrancarme el trampolín del pecho y hacerle un pequeño funeral a la madera temblorosa que me ha dado tanto. Que por dentro no somos más que un frigorífico que procura que nada se pudra. Sobre todo, no andar podrida es mi cometido y por eso voy ojerosa y arrastro los pies reclamando una satisfacción. Cómo explicarlo. Lléname de pétalos perfumados y de medicación. De cuentos espaciales y de magia destilada.

Es que me falta la jugosidad. El fruto interior: la frescura. El balanceo. El chapuzón. Las exclamaciones. El aullido agudo. Los colorines. El cielo azul pastel pegado a mi espalda. Las canciones sencillas, el salto, el brinco, el contoneo y no tener hambre porque, en ocasiones, es bueno olvidar que dependemos de un cerdo rebozado. Y la risa simbólica y un videoclip desenfocado, el azúcar en los bolsillos, los dientes partidos, la cristalmina en el codo.

La primera vez que fui a la consulta del Dr. Magnus estaba intranquila. Nunca había visitado a un psiquiatra. En una boda jipi conocí a una psiquiatra, pero allí no ejercía de psiquiatra, estaba de juerga como la mayoría, bailando y bebiendo y vitoreando:

¡Vivan los novios!

Nunca he acudido a psicólogos ni he hablado con nadie que escuche los problemas con título certificado. Me acompañó y me continúa acompañando mi tía Antonina, que me espera en el salón y se sienta en un sofá a leer a oscuras. Lee a oscuras porque sí. No es porque no haya lámparas, ni luz solar ni nada de eso. Es que se sienta ahí, en la penumbra. En ocasiones pienso que se solidariza con mi negrura. Y yo entro en otra habitación cercana, pequeña, acogedora, austera, todo un sofá para mí: el sofá del dolor, de mi dolor, de los dolores de otros. La primera vez me forcé mucho a hablar de lo que sea, puesto que a eso se va: se necesita una contribución expresiva. No sabía cómo actuar y tengo tendencia a aparentar que estoy bien y mi cara sonríe aunque yo no quiera. Soy igual que las camareras que ofrecen canapés gratis. Ya sabéis, con los dientes blanquísimos. ¿Cómo era ese eslogan? Ah, sí, «Sonrisa Profident». Qué antigua soy. Sonrío oficialmente.

En cuanto al Dr. Magnus y a mi primera visita: creo que conseguí aparentar que no estaba mal. Llevaba las uñas medio pintadas, el cabello limpio y recogido, los ojos secos, y le conté que bueno, que no dormía apenas y comía poco, que me notaba fuera de mí misma (incluso me veía como en tercera persona) y la jodida situación de los jóvenes de ahora, la generación de mierda que somos, la precariedad de mierda, el no pagarnos de mierda, el alquiler altísimo que debo afrontar como si viviera en Silicon Valley y en cambio vivo en un barrio en el que los restos de pescado apestan porque el camión de la basura está de huelga y cuando salgo de casa me encuentro con una pintada en el muro de enfrente, CANUTO POWER, y a un perro desnutrido que busca, desde hace diez días, a su dueño y un tanga sucio de encaje con Dumbo estampado en el centro colgando de los cables de la electricidad que me hacen plantearme si hay futuro más allá de esta desolación.

ESTRATEGIAS

Nada me funciona. He buscado por internet un aparato de esos que da calambres. Para espabilarme. Darme una descarga, un chispazo. Que los brazos muertos que ando arrastrando día tras día se reactiven. No me parece que ningún dolor físico sea inaguantable. Esto lo digo sin haber parido a un bebé. Quizá el dolor total sea ese.

Cuando me siento mal, imagino un disparo en mi esternón. Y bueno. Incluso me da curiosidad saber cómo me sentiría con una bala en el cuerpo. Otros días rezo para que pongan una bomba en el sitio en el que estoy. En El Corte Inglés, en el metro, en la tintorería, en mi armario. No quiero que maten a otra gente, por supuesto, no lo deseo de corazón, lo juro, pero una bomba es una cosa rápida: BOOM.

Aunque lo que más me obsesiona son los coches y su furia de faros encendidos y neumáticos pegados. Me quiero poner delante de esas máquinas. Quiero que me den. Sin frenar. Hay algo peliculero en salir despedida y rodar hasta un descampado. Sé que lo que cuento es una locura. Estoy encerrada en casa por eso. Sé que este párrafo no debería publicarse. Sé que no hago bien a nadie escribiéndolo. Sé que lo escribo con los ojos tapiados. Sé que es digno de ser lanzado desde una azotea. Lo dejo escrito aquí, no obstante, porque es lo que se piensa con la depresión, todo el rato.

Formas de matarte. Estrategias. Tu cabeza piensa y rumorea cómo acabar contigo. Intento no pensar. Veo la tele y me da igual qué. Un concurso, telenovela, papiroflexia, la ruleta de la suerte, anuncios salteados, hasta los programas de telebasura, Dios inmundo, quitad eso de la parrilla televisiva. Meted a los tertulianos en la cárcel. No recomendarán mi libro, vociferarán que es una bazofia, me importa tres pimientos rellenos de uvas negras. Lo que quiera que salga.

Diana de Gales, George Clooney, *What else?*, me da igual. Al verlos en la pantalla, me deslumbra su energía arrolladora, sus movimientos rápidos y el brillo de sus ojos. Hay tres cosas esenciales que hago para curarme: no pensar, estarme quieta y tragar pastillas.

Últimamente he añadido una actividad más: pintar macetas.

PESADILLA

Me dispongo a desayunar. El café está listo. Cuando lo vierto en la taza, en vez de café sale sangre de la cafetera.

Burbujea y se mantiene caliente.

BARTRA

En el pequeño ensayo *La melancolía moderna* de Roger Bartra se analiza el mote de la depresión: ¿hasta cuándo vamos a debatir, hasta cuándo le seguiremos cambiando el nombre a la temida tristeza persistente, por qué no se encuentra un apodo fijo y no cambiante para este mal? Vi el librito en una mesa de novedades filosófico-místicas y lo pagué con el dinero que me había reservado para una cerveza en casa, feliz y atontada, viendo una película romántica de poca monta. Para mis mediahoras de nubes en la cabeza que ya existían: eran un logro. Meses antes, solo miraba hacia una pared que me imantaba y me aprisionaba para que me diera golpes contra ella. Asociaba: pared–golpes / golpes–pared. Un binomio indestructible. Poco a poco se fue mitigando nuestra relación, aunque no dejo de creer que los muros, los biombos, el subsuelo, las vigas, las columnas, las barreras, despiertan en mí una agresividad de siglos atrasados. Por ello, hago como si no los viera, que es mi modo de actuar, también, con ciertas personas: como si no ocuparan lugar.

La depresión es una carrera de obstáculos. El problema es cuando los ves con nitidez de monóculo. La vida se acentúa en su dolor y adquiere un tono clasista: eres esclavo del mal. Hay un amo, un señor, una culpa que te encadena. A menudo pienso en esas viñetas de tebeo en las que los personajes van a la cárcel y se les ata una bola de acero en el pie. Una bola de presidiario: la depresión consiste en tirar y tirar de esa bola hasta que la bola, por desgaste, por desidia, por no aguantar más el traqueteo del tiempo, desaparece.

En la vida hay que empujar y tirar como cuando abrimos puertas. No de las demás personas, a las que haremos daño con ese gesto hostil. Las personas no son entradas de paso, ni salidas. Tirar de las puertas y de uno mismo: tirar, empujar, empujar, tirar y pensar qué puertas son amables. Se deslizan. Quizá ahí resida el secreto de la tranquilidad. En que las puertas las abramos y cerremos nosotros mismos: puño y letra, palabras textuales, sin intermediarios, solos y algo inseguros, con la musculatura compasiva de la madurez.

Se ha diagnosticado la depresión con estos nombres: áurea fúnebre, bilis negra, río negro, inercia invencible, isla desolada, fractura cerebral ante un mundo incoherente, secuelas catastróficas del amor, enfermedad metafísica a causa del crepúsculo, nubosidad de humores negros, atroz despilfarro de energía emocional, extremo disgusto, oscura luz saturnina, solemnidad semifuneraria, explosión de negrura en el ánimo, terrible peso de un exceso de sentido. Para Winston Churchill, que también la padeció, era su «perro negro». Un perro que no había adoptado ni comprado y le perseguía por los pasillos. Un perro pulgoso. Churchill tuvo y no tuvo mascota. Un amigo muy cercano a Abraham Lincoln, William Herndon, comentó que «la melancolía goteaba de Lincoln al caminar». Estamos como embadurnados en aceite, es cierto. Una especie de croquetas andantes, pasadas por huevo, por harina, sin freír: goteantes y viscosas.

Mi abuela tuvo un ataque de melancolía. Ochenta años después de aquello, su nieta sufre depresión. Ella iba de balneario en balneario, de bebé en bebé; yo voy de sofá en sofá, de libro en libro. Las dos jugamos al juego de la oca, pero mis dados son los del avance médico y del manicomio normalizado, por tanto, me traen más suerte.

Siete niños y un aborto: mi abuela tenía una vecina, una amiga, llamada La Medarda, que le cuidaba a los hijos crecidos (tres o cuatro ya) mientras ella paría bebés. La Medarda los entretenía en un cuartucho con sus marionetas. Mi abuela paría y paría y su depresión se enlazaba con el cordón umbilical y los gritos de dolor (¿no llega un momento en que los dolores se juntan y ya no sabemos qué nos duele en concreto?): cuánta sangre, qué nombre tan ridículo La Medarda y resquicios de animalidad sombría en una habitación tan pequeña.

RETUIT

«Vives / dejándote ir / Has cedido tanto terreno / que no te sientes.»

Rafael Cadenas. @digopalabratxt

RETUIT

«A veces no estás para nada.

»Eso incluye todo lo demás. Lo que no es nada. Lo que es todo.

»Qué difícil.»

Ana Ruiz Echauri. @anaruize

MACETAS

Vivir entre la desazón y la desgana me ha llevado a decorar macetas.

Ni siquiera puedo catalogar lo que hago como acto de pintar. Pues la pintura es un arte, y yo a lo que me dedico es a una actividad artesanal sin profundidad. Ha surgido así: día tras día, cansada de ver la tele, me he levantado del sofá, las piernas me han respondido (el Vandral Retard + Rexer Flas, el Rocket Fuel ha comenzado a hacer efecto) y he comprado unas macetas de barro en el bazar chino.

Cuatro o cinco macetas. Unas témperas. Unas pegatinas. He comenzado a pintar: maceta tras maceta. En unas dibujo triángulos, en otras círculos, en otras rayas sin sentido y me siento una artista haciendo eso. Pienso: En realidad, no se me da mal. Debería dedicarme a esto. Hasta la jubilación.

Almudena Sánchez, decoradora de macetas, seguid mi página.

Trabajo de manera mecánica, la mañana pasa y se expande en un sol frenético y mi pareja me mira desde su escritorio con una cara apenada jamás definida y escribe, él escribe, un futuro libro de ensayos literarios, escribe y centra sus ojos en las teclas de su ordenador con tal de no mirarme a mí. Yo pinto con témperas triángulos alegres: uno azul, uno verde, uno azul, uno verde, etcétera. Y una raya amarilla, otra blanca y ¡tachán! De repente una estrella. Me emociono y doy media vuelta, recorro media casa para comentarle:

Se me ha ocurrido una estrella.

Y él me contesta:

Ya veo.

Me da una rabia como de vendaval que no le parezca fascinante lo que hago. Que no me hable ya con entusiasmo. Me siento (perdón por anticipado) una retrasada mental en casa. Él cocina para mí y vigila que me termine el pez aunque tarde tres horas. Tres horas en comerme una rodaja de pescado. Tres horas con la merluza, mascando y mascando. Cuando como, lloro tras cada mordisco porque me resulta una injusticia desorbitante que el pescado tenga espinas:

Qué asco de peces, todos con espinas.

La gran idea que me llega a la mente es la de atragantarme con una de ellas. Situarla al fondo de la garganta. Así que revuelvo el plato buscando la espina más gorda e intragable. Y luego, no me atrevo a situarla ni en el fondo de mi boca, pero la observo, la analizo con detenimiento; la tengo un rato en la boca, me pincho con ella una encía: sangro y sueño, divago y deliro con mi muerte por atragantamiento.

La depresión no es la única que acecha a todas horas; la vida también. Esa es la gran suerte. En mi catarsis artesano-macetera me siento entre las dos. Vida y muerte a mi lado y yo de sujetavelas. En ocasiones más de un lado que del otro, según el día, la potencia de la medicación, el estado del mundo.

El telediario es realmente duro para una persona depresiva. Es como si me pisoteara. No hay mañana en la que no me despierte y me venga a la cabeza: me quiero poner un chubasquero para estar en casa. Uno de esos transparentes. Que me cubra. Como si la depresión fluyera en el aire, radioactiva. Que me proteja. Que me abrace. No quiero molestar a nadie, no quiero hablar ya con nadie. ¿Hablar de qué? ¿De una tristeza enferma? Antes mis amigos querían estar conmigo. Que les hiciera reír. Hacerme reír ellos. La depresión debería ser operable, debería tener un remedio: hipnosis, cirugía, láser, rayos ultravioletas, medicina oriental.

Vale, estoy harta, me someto a la silla eléctrica. Necesito calma dentro de la calma. Caricias. Anestesia. Que cuando describa, no sé, un bosque, el mar, los cantos de los pájaros, no se me presente el bosque como un lugar incierto con búhos que mueven la cabeza dando vueltas completas sobre su cuerpo y mi imagen propia, delgadísima, quebradiza, asustada, resbalando sobre un montículo de musgo frío. Que cuando piense en los pájaros no los vea como seres que cagan en mi cabeza desde el cielo y graznan y son insoportables. Esto me lleva a dilucidar que la mayoría de las pajarerías han quebrado por la crisis y la crisis es una mierda que lleva desde 2008 y no acaba jamás. Más de diez años de crisis. Y si imagino el mar, ¡el mar!, está lleno de turistas y crema aceitosa y las playas no son lo que eran con blancos quemados que lucen tatuajes de rottweilers y un piercing en el glande:

¡Me da asco bañarme ahí!

Al Dr. Magnus se lo cuento. No sé si esto es exacto, pero muy parecido. Esta visión del mundo. Y que pinto macetas, creo. Él, como buen profesional, se aguanta porque le pago dinero. Pero a mis amigos no les quiero hacer sufrir.

No – veo – más – allá – que – miseria.

He sufrido el lamento de la muerte.

La depresión es el lamento de la muerte.

Y no sé qué hacer, qué decir, qué pensar: decoro macetas.

PESADILLA

Voy caminando por la calle junto a un grupo de personas. Hace un día espléndido. Se me traba el pie en una alcantarilla. No lo puedo sacar.

Los demás continúan avanzando, charlando.

OVARIOS (II)

¿Del uno al diez cómo eres de vergonzosa?

Veinte mil.

En mi caso, la timidez es más fuerte que el daño.

A una adolescente le parece que su vagina es un lugar único, íntimo, inviolable, fuera de toda luz directa, increíblemente sagrada.

Cuatro cabezas de médicos analizaban lo que me había tapado tanto.

Sin miramientos.

Veinte mil de vergonzosa.

Me metieron una sonda que se enroscaba en mi vejiga y la bolsa era transparente y pesaba y quizá, a pesar de las posciru-gías, ese fue mi gran dolor.

No pude hacer pis en un mes y medio. Se me inflaba la barriga. Me enroscaban la sonda. Me la desenroscaban. Creí que nunca volvería a hacer pis. No me dejaban salir del hospital sin hacer pis. Me ordenaron que, si algún día conseguía hacer pis, no tirara de la cadena para que lo vieran ellos. Lo comprobaran. Me dieran el visto bueno.

Un día hice pis, al fin. Fue raro. Asombroso. Hacer pis. Vinieron todos a ver mi pis, las enfermeras, un hombre que pasaba por allí, mis padres, un amigo del colegio que no era demasiado amigo, el anestesista, un niño con un dinosaurio en la mano y una enfermera que cantaba «Baby you can't drive my car».

La extracción de mis ovarios se dividió en tres fases: una operación para quitarme el tumor y un trozo de ovario izquierdo. Otra, para quitarme el ovario izquierdo entero, pues no tenían la certeza de que hubiera desaparecido el tumor por completo. Esa fue la peor. Me inmovilizaron de cintura para abajo con la epidural. Me resultaba irreal vivir sintiendo solo mis brazos. Llenaba mi cabeza de música. Había tejidos infectados. Y la tercera intervención, para extraer el ovario derecho. Con todo ello, se llevaron de paso, y por si las dudas, las trompas de Falopio y dejaron en mi cuerpo un útero en desarrollo, solo, flotando ante la responsabilidad del mundo. Ni siquiera sabía entonces qué forma geométrica, orgánica, tenía el útero y por qué lo llamaban el receptáculo. Y seis cicatrices. La más grande, justo en la línea del bikini. Me abrieron tres veces la misma zona. Las otras escisiones, menos vistosas pero casi tan irritantes como la cicatriz principal, me las realizaron alrededor del ombligo y son similares a pequeños mordiscos de lagartija.

La gran noticia es que me quedaba el receptáculo.

Esa palabra apareció en mi vida y se metamorfoseó muchas veces, con diversos nombres, durante una época: el contenedor vital, la cavidad esencial, el recipiente fetal, el bolsillo interior.

Tienes lo que hay que tener, me repetían.

El útero te hace mujer.

Las operaciones fueron seguidas, en seis meses. Entre unas y otras, me enclaustraban en salas de espera. Mis padres eran los que hablaban con los médicos, yo no entraba a la consulta, tenía diecisiete años. En las salas de espera afilaba el oído pero no conseguía escuchar más que frases entrecortadas.

Del cáncer se habla en susurros.

Delante de mi silla, se sentaban mujeres de la tercera edad que, abanicándose, me criticaban mucho: esta muchacha, tan joven y lozana, qué habrá hecho, por el amor de Dios. Tan jóvenes y tan locas. Me sentí más juzgada que nunca y empecé a gritar por dentro: alaridos, alaridos rebotando.

Crecí educada en una mudez rabiosa.

Pensé en levantarme y soltar mi primer discurso juvenil:

Señoras, me han extirpado un bulto peligroso y un órgano que todavía no sé para qué sirve. Señoras, comprensión y callarse la boca. Señoras, necesito abanicarme como ustedes y morir durante un rato, si eso supone un descanso: morir de vida y no sentirme hastiada.

Nunca he estado conforme con la edad que me tocaba. He ido soplando velas década tras década, ¿para qué? He sido tan anciana como un megáfono y tan moderna como un holograma. Ando balanceándome entre esos dos extremos, saltando del pantano más gelatinoso a la piscina más cristalina y me ha descontrolado mucho hablar de cáncer cuando en mis ojos todavía chisporroteaba una infancia clarividente, incendiaria.

Yo amaba no pertenecer al mundo formal.

Al mundo adulto.

DIARIO DE UNA CAMA

Aunque no participé en las redes sociales durante la etapa más agresiva de la enfermedad, sí que me conectaba para leer a desconocidos. A mirar fotos en las que me reconociera, a leer tuits en los que encontrara un hueco de mí misma. Y una publicación me conmovió bastánte.

Estaba en el *timelime* de una chica. La he buscado. No sé cómo se llama. Su nombre de usuario. Qué más da. Hacía fotos de su cama, cada mañana. Su cama al levantarse. Y lo celebraba en Twitter: hoy me he levantado de la cama. La cama deshecha. Subía una foto de su cama día tras día. Un ritual. Un pequeño diminuto gran triunfo: levantarse de la cama. Si no había foto en su muro un viernes o un lunes de agosto, era porque no se había conseguido levantar.

O porque se había matado.

Que la fuerza de la gravedad es más estricta con las personas depresivas, que cada movimiento pesa cuarenta kilos. Que el cielo está, no sé, como encapotado, agresivo y amenazante, señalándote con el dedo. Y hay algo importante a destacar: se te han acumulado las obligaciones y tus parientes te observan con las pupilas dilatadas. Exclaman:

Cuándo te vas a poner con semejante atraso. Con la lista de mails y el libro a medio hacer y esas clases que ibas a dar.

Qué día, qué clases, qué libro, si no puedes ni comprar una

manzana en el supermercado. Y si la compras, la compras mal, con gusano. Que las horas tienen horas añadidas en su interior. Que si encuentras un calcetín agujereado (justo en el dedo, el redondel, justo ahí) lloras hasta desmayarte. Y te desmayas. Y que duelen mucho las expectativas que tienen sobre ti. La alegría que vas a sentir cuando superes esta mala racha. La alegría te asusta: un murciélago gigante. No la visualizas. Procuran ayudarte. Te empujan con la punta de los dedos y caes destrozada. Las palmaditas en la espalda son guantazos. El verano es punzante. ¿Quién le dio un cuchillo al sol? Un mediodía quise salir y a los cinco minutos regresé a casa despeinada, con el pulso a mil por hora y los pulmones fatigados.

Corriendo.

Es que, es que hay mucha luz.

No lloré: sollocé, sollocé hasta deshidratarme. Cuando me sentaba a tomar algo en un bar era una obligación carcelaria. No quieres, no disfrutas, te escuece la sangre, los conductos arteriales se agarrotan y así aguantas, a pesar del esfuerzo inimaginable, inaudito, sobrecogedor. Te repondrás. Te tapas con la visera de la gorra las arrugas de la frente. Es cuestión de tiempo. No dramaticemos. Y escupes un torrezno sin que nadie te vea. La cerveza se queda caliente en el vaso picoteado. Te regalan una flor. Y no ves la flor, sino el esqueleto de la flor. Y cómo se va secando: una hoja tras otra y otra hasta que el tallo es un palo tieso.

Nos secamos. Nos deslucimos. Se nos va el aroma.

La depresión te vuelve fotógrafo de la mayoría de los objetos con los que tienes alguna relación. Te cuesta creer que existan y que sirvan de utilidad. Que te hayan pertenecido. Un perchero. Y en especial te sorprende que un día te gustaran, los compraras, les asignaras un sitio y tuvieran un valor emocional: un entusiasmo humano.

El cepillo de dientes, qué blancura.

DAVID

Los trastornos mentales me acechan con tridente. Soy procli-
ve a caer en su agujero de víctimas. No hago más que escapar
de ellos: si circulo raro por la calle, es que me persiguen y me
adelanto a su cámara oculta. Esquivo a los publicistas de oene-
gés y a las enfermedades mentales.

Día tras día, veo cómo bailan a mi alrededor multitud
de trastornos psiquiátricos en corro: soy su hoguera de las
vanidades. Se burlan de mí a través del vapor de agua de la
ducha, clavan su colmillo en mi toalla esponjosa, viven en
el interior de la crema de calabacín que ceno por las noches. Me envuelven trastornos de pánico, obsesivo-com-
pulsivos, postraumáticos, acrofobias, agorafobia, síndrome
mickey mouse de Estocolmo, dislexia, mutismo selectivo,
trastorno límite de la personalidad, cleptomanía, dolor so-
matoforme, hipersomnia.

Me resulta incongruente padecer solo depresión. En estas
mañanas soleadas en que mi estado de ánimo varía, porque
adoro la luminosidad, la adoro, he barajado la duda de que
pudiera sufrir bipolaridad. Paso de la cama al grito, del grito
a la cama.

El síndrome de Stendhal atravesado por la tristeza.

Un hombre dormitaba en la Galería de la Academia de Florencia. Abría y cerraba los ojos para contemplar el cuerpo esmaltado del *David* de Miguel Ángel. Hay un banco para sentarse. Llevaba una flor mustia en el bolsillo de la camisa, quieto, ensimismado y feliz de tener los muslos del *David* tan cerca y exclusivos, curvas hipnóticas, erotismo de marfil. Pasada una media hora, en la que los visitantes comenzaron a despejar la sala y las luces se despedían, le escuché respirar fuerte. Se desabrochó la camisa, su pecho lagrimeaba. Se acurrucó en sí mismo.

Murió allí, hecho una bola.

Un infarto.

LAVADORA

Vivimos con una lavadora medio rota. Voy a ser exacta: funciona bien. Solo está inestable y un poco deteriorada. Y vieja. Y cansada. Da vueltas, se enciende, se apaga y completa el proceso de lavado. Lo único que le pasa es que deja la ropa mojada. Por tanto, saco una camiseta y debo estrujarla bien, que suelte el agua que ha chupado. Y luego lo que hago es tender en la terraza, que también tengo una, porque la ropa gotea, gotea y gotea. Son las diez de la mañana, pues hasta las seis de la tarde no deja de gotear.

Mis pantalones son los que más lloran. Mis bufandas. Mis sujetadores lloran a lo bestia y se les sale el aro de la copa. Y se forman pequeños regueros de agua en la terraza: nuestro gato anda esquivándolos.

No es que, de repente, me apetezca escribir sobre un electrodoméstico. Es que, habiendo estudiado el correlato objetivo en literatura y moviéndome en el pequeño espacio de mi casa (hoy he procurado salir a tirar la basura), dando vueltas y más vueltas al salón, torturándome por el pasillo, mirando al techo a ver si encuentro una solución instantánea para mi estado de ánimo nervioso, alicaído e insomne, mientras coloreo mandalas, he caído en la cuenta de que le he contagiado la depresión a la lavadora. Y de que huelo a depresión. Es un olor fuerte, a granja, a lejía. Huelo a granja de las afueras de

Extremadura o de Wisconsin y a lejía española barata, mira, no sé precisarlo. Carezco de orientación y de fregona. Las enfermedades mentales huelen a distancia. Tiene que ser eso. No se acerca la gente porque huelen.

Así que he gritado en mitad del salón:

¡Baaaaaaaaaaaaaaaasta!

No quiero dejar un rastro de depresión a mi paso. La noto como una estela. Como si tuviera detrás una cola, eso que tienen las estrellas fugaces, un rastro, pero malvado. La depresión me sigue y yo me escapo. Ese es nuestro día a día. Ella me alcanza, me agarra y yo empujo hacia delante como una bestia equilátera. El pilla pilla de la muerte.

La depresión es la cola de la muerte. Nunca había pensado que la muerte tuviera cola. Cuernos sí, pero cola no. Pues ya sabemos un dato más de ese ser ingrato. Muerte aquí, muerte allá, muerte en Estrasburgo y en mi espíritu desvencijado. Ayer me arrodillé ante la lavadora y le pedí perdón, lloré un buen rato. Tendí la ropa mojada y lloramos en general: los calcetines, las bragas, la terraza entera y yo. Y por si me comprendiera ese trasto malogrado, chatarrero, le supliqué que me regalara una ayudita, una ayudita para esta depresión inmensa que me está devorando, atragantando. Me agarré a una camiseta interior mojada. Hacía tiempo que no lloraba así, tan al aire libre y dándome todo igual. Se mezclaron los churretones de agua de la camiseta con mis lágrimas. Las gotas de agua caían entrelazadas en las baldosas rojas. Se formó un charco. La camiseta interior tenía un lacito, me abracé a ese lacito. Fuerte. Ardiendo. Lacito afectuoso. Me senté en el charco. Lloramos a gusto. Lloraron los vecinos. Los cristales de la ventana.

Y acabó lloviendo aquel día.

Era verano.

FARMACIA

Entre las dificultades que conlleva tener depresión una de ellas es que te acepten la receta en la farmacia. Hola, miradme qué joven y qué semblante tan serio y diáfano, necesito que me suministréis esta caja de antidepresivos ultrafuertes para que pueda seguir tirando. Hasta mañana. Hasta pasado. Te ponen cara de pocos amigos, de qué te habrá sucedido si estás en la flor de la vida. En la edad justa para concebir bebés rechonchos y sanotes, si yo pudïera volver a esos años de juventud esplendorosa no me encontraría entrando en una farmacia. A buscar nada. Ni a por un antitusivo.

¿Has probado la pasiflora? Si son dos días malos, te relaja, te sugestiona.

¡O el yoga! El reiki, la meditación en grupo.

Cómo convencer a la humanidad entera de que no son dos días malos. De que no son siquiera días: son infinidades. Ni tampoco malos: dantescos. De que te tuerces tras cada esfuerzo y uno de los más grandes es explicar qué te está pasando en el interior. Intento dominar mi cuerpo: que no se vaya hacia el peligro. Porque se va. Ya no lo dirijo yo: se ha vuelto independiente y bárbaro. A cada rato. A cada panadero. A cada familiar. A cada peluquero. A cada escritor. A cada persona que pasea en triciclo. Es que mira, no puedo ni definirlo. No me hagas detallar esta sinrazón que me exaspera o me arrodillo ahora y comienzo a rezar en voz alta, por favor.

La amenaza de ponerme a rezar de inmediato asusta. Las personas se toman en serio la religión, qué cosa. Yo no soy creyente pero hablo mucho con Dios, por hablar con alguien. ¿No es eso, ya, una esquizofrenia que se enseña en el colegio? Bienvenida sea la educación religioso-esquizofrénica. Entrando en materia: una vez tuve que enseñar mi DNI en la farmacia. Miraban mi nombre, la receta, mi nombre, la receta, mi nombre. Un minuto después: Bueno, parece que está correcto. Y un minuto y dos segundos más tarde: ¡Nonononono, está caducada! ¡Caducada está! No se me permite, dada la incoherencia, suministrarte Vandral Retard.

Y les aclaro:

Ah, vaya, es que voy al psiquiatra cada dos meses y me rellenó esta receta por si se me acababa la medicación. No es recomendable dejarla de un día para otro, aunque supongo que eso ya lo sabréis.

Aquí pone: seis de junio. Y estamos a veintitantos de septiembre.

Es que, justo por eso: el verano. En verano el psiquiatra se va de vacaciones y yo lo intento también, las vacaciones.

Sí, pero es que este fármaco… ¿Sabes? Que no me estás pidiendo Frenadol.

Claro que no es Frenadol.

Que al final me den o no Vandral Retard es pura anécdota. Un hecho esporádico. Mi molestia son los impedimentos. El tener que luchar. El traspasar barreras invisibles que, intuía, estaban a mi favor: farmacias, venid a mí. Como persona depresiva he tenido que batallar el doble que como persona no depresiva. Hay farmacéuticos de multitud de ideologías: los liberales, que ni les importa la receta, ni se lo plantean. ¿Es para una amiga? ¿Has recaído en la tristeza y no acudes a un psiquiatra? Te autolesionas, ¿cierto?

Los farmacéuticos, que al principio no quieren saber nada, pero luego ven la lágrima en el centro de mi mejilla (vivo con una lágrima permanente pegada a mi cara; he frotado con una esponja exfoliante y no se va) y acceden con remordimientos y no sueltan la caja de su mano hasta que tiras tú de ella. Y te dan una bolsa. Son cinco céntimos, olvídalo, te la regalo, no vas a ir con esto por la calle y que lo vean todos.

Los farmacéuticos que no y que no y mil veces que no: mis segundos padres.

Tengo un mapa de farmacias dibujado en un cuaderno. En ese recorrido subrayo mis posibilidades de obtener la medicación:

Las que sí, las que quizá, las que nunca.

MÁS ALLÁ DE LA MUERTE

Sucede que Carla, la niña que cuido, es una poeta deportista. Se mueve entre la voltereta lateral y la poesía. Es su arco de interacción. Primero estira las piernas y hace el espagat y después me suelta un comentario poético. Hace el pino puente y me asombra con sus afirmaciones:

Voy a ser la primera mujer que toque el piano en la luna, ¿lo sabías?

Se fija en todo. Y la dejo fijarse. Dejo, también, que se decepcione. Y dejo que llore a gusto cuando quiera, como quiera, el rato que le apetezca. Dejo que grite. Y que se ría y que esté seria. Que coma patatas fritas con las manos o con mitones de *Frozen*. Que se arrastre por el suelo y se zambulla en el césped y en la arena del parque y en las piscinas. Y en los cines.

Y en el mundo.

En pocas palabras: no me interpongo entre ella y la realidad. No soy adulta a su lado. No puedo serlo. No he conocido esa certidumbre. El otro día vimos un pájaro muerto. Se acercó y lo miró de cerca. Avisó a sus amigos que estaban jugando con ella. Fueron la mayoría de ellos y rodearon al pájaro. Era una paloma muerta. Muchos de los padres que había allí les prohibieron a sus hijos que se acercaran a ese bicho asqueroso:

Es una rata del aire, transmite enfermedades. Encima, muerta.

Yacía en el suelo, intacta. No la habían atropellado ni parecía haberse chocado contra una ventana cerrada. Las plumas le brillaban. El pico y las garras.

Pronto anocheció y se fueron los amigos de Carla a sus casas. Ella regresó al lugar del pájaro muerto.

Vamos a quedarnos un poquito más, me pidió.

Con un palo, movía al pájaro. Yo le recomendé que lo dejara, que lo mirara el rato que quisiera, pero que no se iba a mover. Estaba muerto. Acabado. Sin vida. Me preguntó si estar muerto significaba lo mismo que no poder moverse. Le dije que, en parte, sí: no poder moverse. Y no hablar. Y no estar. Y no ser. Se quedó callada, entonces, observando a la paloma. En vez de moverla, empezó a acariciarla con el palo. Estuvimos tres minutos así. En silencio. Ella acariciaba con un palo a la paloma muerta y yo me acordaba de una escena de *Las horas*, en la que Virginia Woolf se tumba al lado de un pájaro mientras las criadas braman: *¡Virginia, Virginia!* Arrancándole el trance. Tras unas quince caricias, más o menos, Carla tiró el palo a la acera y alzó la mirada hacia mí:

¿Lo matamos más?

Que parezca que está muerto de verdad. Que la gente sepa que está muerto. Es importante que sepan que está muerto, por si lo pisan o algo.

No la dejé matarlo más. Nos fuimos a casa. Y de camino pensé en esa muerte duplicada que me sugería Carla. En la doble muerte. No basta con estar muerto, sino que es necesario aparentarlo. Y cuánto tenía que ver con mi depresión. Yo estaba muerta de más, mi abuela se murió de más, la depresión es hija de la muerte, es morirse dos veces y fingirlo quinientas. El primer alivio, respiro, en mi tiempo de enferma depresiva, fue cuando el Dr. Magnus certificó que padecía depresión. La palabra se clava hondo y te oxigena como la epidural en pleno parto. Era un médico el que lo acreditaba. Me puso un sello como en las discotecas. ¿Quién iba a negármelo ahora? Por fin ejercía mi derecho a estar triste. A no sonreír al auditorio. Y lo más importante: a no ver al auditorio. Por fin iba a vivir en un sofá; se justificaba mi inapetencia, la voz finísima y este tragar saliva que me dolía como si me zampara a un náufrago. Libre sin límites. Me podía escaquear de ponerme las botas gruesas de chica dura, de levantarme y de ducharme con agua fría y caliente, fría y de nuevo caliente. Y de actuar como una persona normal.

Por fin: enferma.

Por fin.

Necesitaba tanto estar enferma como que me lo confirmaran. No hay consuelo en unos ojos cerrados. Tuve ganas de levantarme del sofá y darle un abrazo al Dr. Magnus, pero no conocía a aquel hombre, solo me dio un papel: Venlafaxina (Vandral Retard) y que me cuidaran. Lo tuvo que dictaminar él: que me hicieran caso urgente y que estuvieran pendientes. Soy una mujer joven con cierta belleza, qué iba a pensar de ese abrazo y si no me dejaba volver qué. Quién firmaría que estoy enferma. Quién sería mi juez. Además, estaba enferma y para dar un abrazo no tenía fuerzas. Ni ganas. Ni emoción. Ni entereza, siquiera. Me había escuchado Dios. Cuántas súplicas hacia él. Llevaba un sello en mi mano. Me puso muy contenta disponer de esa autoridad: soy débil, muy débil, enclenque, escuchimizada, inconsistente, fragilísima. Hasta me entró la risa y el Dr. Magnus me miró con desconfianza.

Tienes depresión, volvió a repetir.

La depresión se incuba como un huevo, eclosiona y te lleva, te lleva a conocer sus precipicios profundos. Adoro ese cuento de Clarice Lispector en el que observa un huevo. El cuento completo no habla más que de un huevo. En otro cuento suyo, una mujer se sube a un ómnibus con una caja de huevos aspirando a que ninguno se rompa.

La fragilidad. La entereza.

Clarice y los huevos rotos. Clarice y los huevos enteros.

Clarice y la filosofía del huevo. Así se llamaría mi tesis si fuera una estudiosa. El huevo es lo que está por venir. Es presente y es futuro. Es geometría y grietas. La depresión es una canoa turbulenta. Solo hay que subirse a bordo: no hace falta siquiera remar.

PESADILLA

Soy una anciana que brinca por el campo.

Encuentro mi vestido de comunión detrás de un arbusto espinoso. En la etiqueta alguien ha escrito:

ADELAIDA, NO CORRAS TANTO.

AMY WINEHOUSE

La tristeza va contra el protocolo y contra el mundo. La tristeza es una revolución y altera a los felices. La tristeza son gestos mundanos: un párpado hinchado. La tristeza no se nombra. La tristeza se aprende de los bosques y de los riachuelos: me acuerdo de cuando estudié los árboles perennes y caducifolios. A los nueve años, en el colegio del pueblo, ¿nadie interpretó aquello como un aprendizaje sobre nosotros mismos? Los parásitos. Hay una raza de pato que se llama polla de agua y nos reíamos a escondidas. Éramos preadolescentes tapándonos la risa con las manos y la profesora de ciencias naturales tuvo la mala suerte, aquel día invernal de los años noventa, de aparecer en clase con los labios granates, inflamados (acababa de enterarse de que era alérgica al carmín), y salió del aula en busca del director del colegio, que era mi padre.

Si solo le hemos preguntado si la polla de agua entra en el examen, si no queríamos portarnos mal.

Mi padre fue también mi director escolar. Doble obediencia.

¡Orden en la sala!

A los diecisiete me enteré de que los labios se hinchan mucho, una barbaridad, dándole besos en la boca a una persona con barba. Qué descubrimiento. Me acordé de aquella profesora, de sus preciosos labios gordos: festivos.

No soy un árbol perenne. No mantengo las mismas hojas a lo largo de las estaciones. No soy rígida, ni verde, ni mis tallos se expanden, ni se adaptan, ni los rayos traspasan mi cráneo, ni sé vivir sin frotarme las heridas. No me ataca la procesionaria. No tengo las venas visibles ni sirvo para encender fogatas. Causalmente, he crecido rodeada de algarrobos, enebros y pinos que se caracterizan por soportarlo todo. Son Caballeros de la Mesa Redonda, los irrompibles, el honor en pie, la rama en alto. Los he trepado y he probado su resina seca con la punta de la lengua. Es agria y las termitas se quedan pegadas a ella y mueren, creo. Hay un poema del mallorquín Miquel Costa i Llobera sobre un pino que aguanta, resiste, triunfa y sigue aguantando. «Lo pi de Formentor», se titula. Una profesora de catalán estaba obsesionada con él, con el pino y con el poema. La profesora Margarita. Escribía los primeros versos en la pizarra del instituto. Ella ponía su ahínco ahí, se le erizaban las ganas de vivir y nadie le hacía caso. Cuchicheábamos. Cuando se giraba y veía las caras de los alumnos, sacaba sus gafas negras del bolso y salía al pasillo a llorar. Al pasillo negro con sus gafas negras. Lo hizo unas quince veces. Y un día ya no la vimos más.

Se desintegró en aquel pasillo de sombras.

La tristeza más vital que he visto nunca es la de Amy Winehouse. Talento mezclado con cocaína, mezclado con desarraigo familiar, caos de mecheros, furor rítmico, amor por las palabras, temblor escénico, vulgaridad exquisita, corazonadas en plena noche, sándwiches de banana frita, verbalidad impulsiva, maquillaje paisajístico, talla XXS de pluma eléctrica, que se vuela con la brisa, que se agarra como un chicle, tacones expresivos. Cuanto mayor era su agonía más alto se peinaba el moño. Eso lo mencionan en un documental sobre su vida:

su moño era simbólico, un cartel de SOS. He buscado en internet su momento cumbre, su moño más alto, el Everest Winehouse. Una foto con el moño desaforado: mil horquillas en el huracán salvaje de su pelo. En gran parte de sus fotos se vislumbra en ella una agonía de gorrión casi vivo, de gallina solitaria, de bebé mal alimentado. De mujer que vive deprisa y se emborracha de intensidad, diez cosas a la vez, regalo mal envuelto por parte de una fan que lleva siete horas esperándola, heroína en el bolsillo, ansiolíticos carcomidos, paparazzi en el WC, grito, grito, grito y canción sublime.

PESADILLA

Mi amigo Oriol Tellado vomita tierra. Un país de tierra. Tierra fértil, que sirve de abono, tierra quemada, con semillas. Tierra exótica, tierra marciana, tierra con sacerdotes momificados, tierra con cristales, con líquenes. Tierra con lombrices. Tierra nevada. Tras dos días vomitando tierra, ha creado una montaña.

Por la forma de sus cumbres, recuerda a un cuervo.

FRAME

Janet Frame es una escritora que he descubierto este año. Si en alguna ocasión me preguntan: Pero ¿en qué año la leíste por primera vez?, sin duda contestaré:

En el año de la depresión.

La depresión marca más que un primer novio. El año de mi depresión no se me olvidará jamás. El año de mi desánimo yonqui. Tengo la vida dividida en varias etapas: antes de los libros / después de los libros. Antes de Mallorca / después de Mallorca. Antes de la depresión / después de la depresión. Pasión, geografía y enfermedad.

Frame fue una escritora que tuvo que volverse loca para publicar. Lo que más le preocupaba es que tenía los dientes con caries, ahí, chiquititas. Su color de pelo era naranja butano y afro, hacia arriba, un cucurucho. Físico raro, dientes dolorosos, pecas esparcidas por doquier, una baldosa de granito. Su presencia en el mundo ya era extraña. Nació inentendible, dibujada, distinta, y nacer de esa manera es aventurarse a que te mantengas apartada.

Discreta, ¿entiendes? Bastante llamas la atención por ser como eres.

Camúflate tras los matorrales.

Vivió obsesionada por destacar, con publicar, con que se le vea. La lucha encima de la lucha. La plataforma escurridiza que sitúan en mitad del mar. Así era Janet Frame. Le diagnosticaron esquizofrenia muy rápido y escribió *Un ángel en mi mesa*, con las manos chispeantes. Es un libro electrocutado. Lo leí mientras me daban calambres: se fue la luz.

«Si el mundo de los locos era el mundo al que yo pertenecía oficialmente (enfermedad incurable, sin esperanza) me serviría de él para sobrevivir, para sobresalir. Intuía que ello no me impediría ser poeta.»

RETUIT

«Es una mierda la vida. Te puedes morir siempre, todo el rato, hasta en Navidad. Un día te mueres y ya está: un montón de gente llorando. Da igual cuánto ames, cuánto te amen: nada puede retenerte.

»Vamos a cuidarnos mucho, a darnos besos y a hacer lo que nos salga de las pelotas.»

Lorena G. Maldonado. @lorenagm7

OFELIA X

Mientras tomaba la píldora roja (sigo refiriéndome al Vandral Retard), no podía casi andar. Ni hablar. Un día tenía que cruzar la carretera y decidí lanzarme contra un coche. Lo elegí negro. Supongo que la mayoría de los suicidas lo elegimos de ese color. O rojo, por el diablo. O amarillento, podredumbre. Esperé a que pasaran unos cuantos. Bueno, sinceramente, estuve una hora allí parada: analizando motores, rugidos. Pasaron coches negros que llevaban niños en el asiento de atrás. No soy tan sádica: necesitaba morir, pero los niños no tienen ninguna culpa. Los niños son intocables, y si tengo algún cometido en esta vida es no hacerles daño.

Ni un rasguño a los niños.

Ni a los animales.

A los adultos sé que os he hecho daño y pido perdón. Lo pedí en voz baja en la acera pensando en mi suicidio.

Perdón grande.

De las cosas más fuertes y graves que me ha enseñado esta depresión es a pedir perdón (sin que me cueste). Mil perdones a todas, a todos. Perdón si no os gustan mis libros. Perdón si me excedo en el amor, en el odio. Perdón si no me comunico bien o me comunico de más. Perdón por las infidelidades, amantes, novios, profesores, amigas y amigos. Perdón por los olvidos, los despistes, la impuntualidad. Perdón por no gritar alto perdón cuando debí gritarlo. Por las mentiras, no las pienso. Perdón por las sobremesas aburridas y los cafés fríos. Y por las idas de olla y por ser bocazas. Por las salidas de tono. Por la competitividad. Perdón por el alejamiento: una cambia. Perdón por las caricias que no os sentaron bien, por las frases que se me escapan de la boca pero ya están dichas, por lo que no se puede deshacer y por los huevos fritos con demasiado aceite. Perdón de veras y a grito *pelao*, se me curva la garganta de tanta sinceridad: os la entrego febril, mi franqueza, y os la regalo ruidosa, desternillante, en un frasco inteligible, pues ya no tengo nada que perder. Perdón contra el viento de cara, no estuve atenta a pararlo con la palma de la mano. Perdón, también, por el viento que nos pilló desprevenidos y detuvo una conversación importante, nos dejó, ¿cómo estábamos? Extraños, mudos: y ahora qué.

Qué se dice después del viento.

El viento es impertinente, no escucha. Perdón en mitad de esta tempestad.

Perdón desde la parte más dura de mi ser.

Me encontraba fatal, fatal, peor que nunca, y más que ese dolor físico que tenía —que era como una anemia picante— se me secaba la boca, mi susurro se asemejaba a un hierbajo, pensando en el sinsentido del planeta. Los niños que no lo vean, tapadles los ojos (qué protectora soy, cada día me parezco más a mi madre). Me arrancaba las pieles muertas de los labios y las mantenía tibias en la mano haciendo bolitas, mientras pasaban coches rojos, verdes, plateados. Me dio igual ser antiestética a dos segundos de mi primer intento de suicidio. No admito ser antiestética ni en un microrrelato por encargo. Justo iba a colocarme en posición, cuando un mendigo pasó a mi lado, se le atascaba una frase: Este sol maldito que me está matando, y continuaba con ruidos difusos la frase, muchas eñes, algunas vocales, yo qué sé: ñañaña, murmuraba. El mendigo arrastraba un carro, qué lento, qué pesadez, qué traslada en el interior de su carro roído con cautela de avispa: ¿ráfagas de luz? ¡Lo que cuesta suicidarse, hostia! Nadie te deja. Cuando no es uno, es otro. ¿No os podéis quedar en vuestras casas, personas molestas, quietas y calladas? De pronto, allá en un semáforo lejano, avisté un coche negro con un hombre solo: sudado, arremangado, mal día para invertir en Bolsa, cara de medio Orfidal. La luna del coche con un desparrame de caca de gaviota, rectángulo fosforito de la ITV, de los que corren. Perfecto. No había duda de que se apresuraba mi destino. A pesar de que era el idóneo para que me atropellara, me quedé inmóvil. ¡Mierda, Almudena! No sé por qué me venía a la mente la imagen de un gato dando vueltas en el plato de un microondas y cuando cesaba esa visión, me notaba a mí misma desmesuradamente: los pelos de mi brazo, tiesos. Mis piernas muy molestas, mis sandalias dicharacheras del verano, mi barriga rutilante y el estómago vacío y claustrofóbico: quería librarme del cuerpo que me representaba. Mi mente estaba muerta. Faltaba cargarse al cuerpo. Me culpaba por los daños pasados: por todos, todos, ¡todos! Atasco de culpa en mi cerebro. Pitidos. Un graznido nocturno, pero si es mediodía histriónico. ¿No es posible vomitar la culpa? ¿Extirparla? Los que me habían herido lo hicieron porque me lo merecía. No era capaz de mantener mi economía. Encima, era un puto lastre. Un día pensé en dedicarme a la prostitución.

En secreto: con lentillas azules y medias de rejilla.

Las felaciones mejor que los polvos: más rápido. Con mucho alcohol y pensando en la literatura que me gustaba. Dinero, al fin y al cabo, dinero fácil, billetes desmayados. Fuera deudas.

¡No os debo nada!

Qué guapa.

Para suicidarse, es necesario ser egoísta. Olvidar quién y

qué te quiere, encerrar el cariño, el amor, la dulzura, la generosidad, la risa con candado y adiós. Me tiré a un coche negro. Tarde y mal porque frenó. Aquel empresario, o no era empresario, creo que trabajaba en una agencia inmobiliaria, llevaba un cartel en la camisa, me aseguró que le iba el corazón a cien por hora y en sus ojos se concentraba una furia inusitada. Normal. Y qué coño había intentado y por qué con él, qué maleficio le perseguía desde el mes pasado: pérdidas, pérdidas y más pérdidas y broncas seguidas. Qué locura, qué suplicio, qué fastidio y ahora tú. Normal. Que si tenía familia y que si me llevaba con algún médico, al planetario, a una reunión vecinal o algo. Qué se recomienda en estos casos. Y yo le contesté no sé qué del Dr. Magnus, que el Dr. Magnus me cuidaba con palabras cálidas y fármacos enérgicos, aunque ahora no estaba porque el Dr. Magnus no está siempre y también él tiene problemas y que gracias por frenar y perdón, perdón por cruzar mal, ha sido sin querer y gracias mil veces seguidas, lo siento infinito y tal y cual, es que se me envenena la mente y el administrativo o lo que fuera se metió en su coche, no sin antes alejarme del centro de la carretera, de un manotazo y resoplando.

Disculpa que te trate mal.

Le dio un ataque de tos.

Y yo, de nuevo, perdón. Y vaya, ahora encima te da tos, creo que tengo un caramelito, ¿quieres?

Después del incidente, fui a casa de mi pareja a comer. A que me ayudara a comer. Todavía no vivíamos juntos. Me abrió la puerta y le abracé llorando. No le conté nada, salvo que el camino había sido largo.

Desorbitante.

Y que la depresión me atacaba muy férrea.

Realmente férrea. La depresión era yo.

La calle del salto mortal: Ofelia X.

PESADILLA

Unos secuestradores me encierran en una cámara secreta. El lugar me recuerda a la nave espacial de la primera película de *Alien*. Se abre una de las compuertas y me lanzan un ovillo.

Lo comienzo a deshacer.

Es mi único divertimento. Y es interminable.

RETUIT

«Casi todos mis males se curan durmiendo.»
Francisca P. @franciscapageo

EFECTOS SECUNDARIOS

Al año de llorar todos los días, ya no sabes ni por qué lloras. Ni por qué nada. Ni te importa. No es de tu incumbencia, te resbala muchísimo, eres la pista de una bolera, te resbala y resbala, punto. Te repugna el conocimiento médico. El Dr. Magnus es pura decoración del hogar. Vas allí como para aferrarte a alguien. Para que continúe afirmando que estoy enferma, puesto que, joder, estoy muy enferma. Y tu alrededor: qué sonrojante. Las sonrisitas. Ya no trabajas, ¿no? Y mucho menos escribes. Ah, pues eso tiene un nombre: incapacidad, te declaramos letraherida incapacitada. Qué lástima: te suponíamos talentosa. Una menos en el circuito de los tractores en ruinas. No sabes pronunciar la palabra *depresión*: te da más respeto que el Holocausto, todo es desmesurado, el mundo te pide que camines, que cantes, que bailes, que escribas y está mal fabricado el mundo, empecemos por ahí.

Me he sentido identificada con la suela de un zapato.

El llanto cura un dolor psicológico concreto, pero una depresión es una flecha clavada, ¿dónde? Pues en ninguna parte, ojalá hubiera un sitio. Una radiografía. Una analítica. Un bulto. Es una flecha clavada en ti, que no se ve. Se va oxidando y yo con la obligación de solidificar la nada. Les enseño un trozo de muslo a mis amigos: la noto por aquí hoy, la depresión, pero ayer me escocía en la nuca. Busco un cómplice loco que comprenda el terror de la nada dentro de la nada. Cada día duele más. Es la misma relación que se tiene con los muertos. Aparecen, los rechazas, vuelven a aparecer, los guardas en el recuerdo o les pides que vuelvan a su tumba, que se marchen como buenos muertos y que te olviden, que se disuelvan.

Los muertos, disueltos en ácido clorhídrico.

Dejadme sola, aquí, pueril y fría, por favor.

La depresión aparece así, para entendernos. La anuncia un gong japonés.

Vivir con depresión es vivir con un muerto a cuestas. Conversar con él. Ducharte con él. Una mañana me metí en la ducha y casi consigo lavarme entera, pero me topé con una fuerza sobrehumana que no me dejó aclararme el pelo. Me enjaboné y no pude más. El pelo blanco, espumoso, se me resistía. No conseguí aclarármelo porque no era capaz de subir el brazo derecho con la alcachofa de la ducha en la mano: me pesaba un quintal. Y me quedé así. Mojada. Temblando de frío, de miedo, de frío. Creo que grité:

¡Matadme ya!

Una mañana entera. Desnuda e inútil. Con el jabón en el pelo. Llorando. Eres un defecto de fábrica.

Un muerto me miraba, lo sé: desde arriba.

Hay sótanos que debemos cerrar. La depresión te sonambuliza, te mata. Es un estado de pánico constante. Te ha salido una enemiga inesperada que no se va, no se va, no se larga ni se pronuncia: dadme todos los fármacos del planeta. Solo hay dos opciones a la hora de tapar una depresión, dos descansos auténticos:

Dormir y morir.

Una tarde estaba aferrada al sofá. Con los brazos amarrados. Intensamente aferrada. El sofá es el ataúd del depresivo. El buque. Vas navegando ahí. Durmiendo, despertando, pensando, llorando. Pasan los días. Pues una tarde estaba de ese modo y por no levantarme al baño, que estaba, de veras, muy cerca, casi me hago pis encima y me sentí fuera de mí. Pequeña. Bebé. Acurrucada. Endeble. Me lo prohibió la misma fuerza sobrehumana que me impidió aclararme el pelo en la ducha: existe una voluntad maligna que ronda los cerebros, cuidado.

Los fármacos no ayudan al comienzo de la depresión: acentúan el malestar físico. Son de acero. El cuerpo tarda en asimilarlos. Sientan mal. Bostezas unas treinta y siete veces al día aunque aterrice un ovni en el jardín. La comida da asco, sabe como a ciruela metalizada. Lo único que comía con ganas era melón y en invierno no hay apenas melones, por lo que mi tía Antonina se recorría medio Madrid en busca de un melón y me lo traía desde Alcobendas, en brazos, como si fuera un neonato.

¿No querías un melón? ¡Pues toma melón!

Ponía: de piel de sapo. Me resultaba muy absurdo, que un melón fuera de piel de sapo. Un melón anfibio. Cosas que antes no se me ocurría pensar. Que un melón fuera de piel de sapo acentuaba mi depresión.

Lloraba por eso: piel de sapo, piel de sapo, no había manera de calmarme.

Meses después, comencé a disfrutar del chocolate: vuelta a la niñez. Al principio quería enfermar por desnutrición: destruirme antes de que la depresión me lo ordenara. Adelantarme al desastre. Y que fuera una enfermedad real: desnutrición, no depresión. Anorexia, no depresión. Demencia, no depresión. Prefería una pulmonía, tuberculosis. La comida en el plato era un desafío, dormir otro desafío, hablar un desafío deslumbrante, querer a alguien: imposible. Y que te quieran, que te quieran con esa pena, ya es de valientes.

De verdad verdadera.

El que te quiere con depresión merece un jardín del Edén. Un manto de flores al despertar. Unas vacaciones en la nube más cómoda del cielo. Un beso suave, labios carnosos iridiscentes, sabor tropical mediterráneo, sol limpio otoñal, ganas frescas, intimidad de sombrilla de rayas, brisa de parpadeo, duración perfecta para querer repetir hasta el más allá.

Un beso adolescente; a eso iba.

Cuántas personas me cuidaban. Cuántos perdones me esperaban tras mi desgaste de espantapájaros sombrío. Me faltaba un suspiro para empezar a remontar, una remontada de deportista olímpica: no lo veía claro, más bien, una utopía, una hazaña inconmensurable. La depresión necesita cojines, espacios suaves, orden informático. Un sofá en mi casa para enfermar y otro sofá en la consulta del Dr. Magnus para curarme.

SOLOMON

Me compré la Biblia de la Depresión. Me la llevé al Hostal Sinatra y tuve que hacer un esfuerzo grande por trasladarla hasta allí, puesto que mis brazos no son capaces de soportar ni una mariquita punteada. La Biblia se titula *El demonio de la depresión* y la ha escrito Andrew Solomon. Además de leerme su ensayo (excepcional) durante un año, he visionado a través de YouTube al autor comentando sus investigaciones. Lo leí y me dio la impresión de que se había convertido en mi segundo psiquiatra: el Dr. Magnus, psiquiatra presencial, Andrew Solomon, psiquiatra online. El autor insiste en las entrevistas de YouTube en que las personas que padecemos depresión tenemos una verdad muy machacada: una fe absoluta, un delirio cíclico por dentro que nos miente. La depresión es una mentirosa. Un remolino maquiavélico.

En sus intervenciones, Solomon reflexiona: sé que es contradictorio y difícil de asimilar, pero hasta la verdad miente. Que un día moriremos es verdad (no hay que llevarle la contraria al enfermo en eso) y, al tiempo, es mentira. No es una verdad sostenible porque esta tarde tenemos un plan fabuloso, lo que inclina nuestro temor hacia un lado de la balanza: que seguimos vivos. Y a bailar.

El demonio de la depresión dialoga conmigo. Tardé tiempo en adquirirlo. Me imponían sus setecientas páginas, ese número tan redondo, exactísimo. Incluye un glosario de medicamentos. No es un ensayo sabelotodo, sin tacto. Me mira a los ojos con terror, con dulzura. No se acaba nunca. Pesa, es gordísimo, lo llevaba de cafetería en cafetería y calculaba mis fuerzas vitales con él: si era capaz de trasladar este pedrusco sabio hasta allí, a esas cafeterías lejanas, si lo leía sin lágrimas y delante de otras personas felices que me miraban preocupadas, es que iba convirtiéndome en alguien corriente, de la calle, normal.

No habría podido leer a Solomon durante los primeros meses de la enfermedad. Ni soportar su triple peso: inteligente, nutritivo, empático.

«La depresión es una grieta en el amor.» Y continúa: «Para ser criaturas que amamos, debemos ser criaturas que nos desesperamos». De vuelta a «la desesperación más allá de la desesperación» de William Styron. Creo que su descubrimiento no se me olvidará jamás. Ya llevo no sé cuántas mil definiciones favoritas de esta enfermedad empalagosa. Persistente, que engaña: un día parece que estás al filo de la curación y al siguiente te sientes como un buitre tiroteado. Es una revolución anímica. No es racional ni irracional. Es como esas personalidades que giran alrededor de un trauma muy atascado. Es variable: depende del diente con el que te muerda, de las órdenes de un cerebro pálido, de lo nimio en el interior de la nada. No sabes qué ocurrirá: cada día es una sorpresa terrible.

Es alguien tirando de ti; tirando mal, sin escrúpulos. Sin nombre.

Afirma Solomon sobre los fármacos:

«Todas las mañanas y todas las noches, echo un vistazo a las píldoras: blanca, rosa, roja, turquesa. A veces me parece que son una suerte de escritura desplegada en la palma de mi mano, signos que me dicen que el futuro tal vez sea venturoso y que me debo a mí mismo la posibilidad de vivir para verlo. Otras veces siento que estoy tragándome mi propio funeral dos veces por día, pues sin estos fármacos habría muerto hace ya mucho tiempo».

Tragarse un funeral por las noches. Nuestro estómago aguanta incombustible: la depresión es sinónimo de toxicidad. En una ocasión soñé que era una ladrona de extintores. Con mi saco y todo. Y mi antifaz. Los iba arrancando de los sitios públicos: de cualquier tipo y tamaño. Según avanzaba el sueño, resulta que mi estómago se incendiaba y los extintores me servían para apagarlo: un chubasco fulminante.

DR. MAGNUS

Que nos opongamos a los psiquiatras, que nos escudemos ante ellos, es una reacción consabida: películas, series, locutores de radio, padres, abuelos y agentes de la ley nos previenen de ello: drogas no.

Loqueros tampoco.

El Dr. Magnus es un psiquiatra con presencia, deja un espacio de cinco abrazos y medio entre nosotros. Me escucha cercano pero lejano. Lo que ha logrado con su título de psiquiatría es avivarme con recetas de serotonina. Lo he observado calcular: cuánta serotonina para x tristeza. Cuánto Zolpidem para x angustia. Cuántas palabras para x sinvivir. Cuánto litio para x furia. Cuántas frases o miradas para x cansancio. Cuánto x para mi circuito sanguíneo. Cuánto x para que camine y no me pare en la acera. Cuánto x para que no mire a un coche más de tres segundos, mientras yo me revolvía en el sofá.

¿Qué pasa?

¿Le cuento esto? ¿Le cuento lo otro?

Todo cálculos, cálculos poéticos.

Mi depresión ha sido su depresión. La ha interiorizado. Resuelve matrices o campanas de Gauss por mí. Qué horror me dan las matemáticas.

La filosofía me calma, el pensamiento tranquilo.

ENCUENTRO ·

En plena depresión transoceánica quedé con Cristina B. No somos muy amigas, ni nos hemos contado nunca secretos. Nos citamos en un restaurante al aire libre que ya ha quebrado por la crisis. Somos una generación poco acostumbrada a vernos en los bares de siempre. Los establecimientos cambian, cierran o se destruyen a base de deudas o préstamos bancarios.

Nada aguanta mucho en pie: nos movemos, por crear una imagen gráfica, de rodillas. Millennials arrodillados. Nos miraban los árboles y crujían las piñas encima de los tejados, empezaba el otoño y se resquebrajaba el cielo en unos colores persuasivos que nos hicieron permanecer toda la tarde juntas con una cerveza en la mano. Cristina B. es guapísima y llegó tres minutos después de que yo me sentara en la silla a maldecir la belleza del parque. ¡Belleza de helicóptero perfumado! Llegó apresurada, moviéndose dentro de un vestido flotante de tirantes. Estaba pletórica, acariciada por los rayos hermosos del sol.

Estoy pletórica, me confirmó.

Nos contamos el verano. Ella había pasado los meses estivales fuera de Madrid, en un pueblo andaluz con mar que no estaba muy de moda todavía y conservaba calas vírgenes, pequeñas, silencio cósmico. ¿Te acuerdas del mar de los noventa? Pues así; los azules se mezclaban: el cobalto, el añil y el azul marino. Estrellas naranjas y granates pegadas a las rocas y un solo bareto de viejos para nosotros tres. Qué risa. Me he reído mucho por las noches: me descojonaba con mi novio y mi amiga, qué risa. Lo peor es que ahora ha empezado a veranear allí Letizia, la reina, y ya verás el verano que viene: superpoblación turística, un asco, con el yate que tienen ya podrían irse a las Maldivas.

Pues sí. Es que la realeza sobra que no veas.

No sé cómo comencé a contarle lo de mi depresión. Me inspiraron sus ganas de vivir; éramos lo contrario elevado al cuadrado. Ella estaba fulgurante y yo alicaída y sentí que si empezaba a explicarle mi estado de ánimo, no la iba a chafar. A ella no. Hacía meses que no contemplaba una concentración de jovialidad tan radiante en una persona. No decaería la conversación ni el ardor juvenil, y nos rodeaba el mejor crepúsculo de los últimos diez años. Al fondo, muy al fondo, la última chicharra del verano, sumida en su hambre de insecto, emitía un pitido atávico.

Cristina B. se desenredaba las puntas del pelo, que se iluminaban entre sus dedos. Le había crecido una melena voluptuosa a toda prisa. Pensé en hacerle una fotografía y titularla: *Cristina B., una nínfula marina.*

Lo de mi depresión no le pilló de improviso. Conocía a gente que la había sufrido. Cuando estudiaba en la universidad tuvo una compañera de piso que, mientras conducía, se quería matar en cada curva. Conducía por los acantilados. Llegaba al piso y anunciaba: Cincuenta y dos curvas y sigo aquí, cincuenta y dos veces me he querido matar en una hora. Era una chica estupenda: veintidós años, atractiva, aprobaba con nota, ligaba y tenía dinero. No le faltaba de nada, ¿sabes? Es como si la felicidad no tuviera influencia en la entrada a la enfermedad, te alcanza y PUM, ¿no?

A pesar de ser feliz. Pum, así es: pum, repetí.

Cristina B. puso la mano en forma de pistola: pum, pum.

No, bromas aparte: qué voracidad, concluyó.

El camarero del restaurante en decadencia nos trajo un bol con pistachos y nos pusimos a comérnoslos y a jugar con las cáscaras.

Me moría por comer algo. Es que ya no ponen ni tapa.

Me he intentado suicidar lanzándome a un coche, le solté en un ataque de sinceridad.

Cristina B. me miró un segundo, ¡qué radiantísima estaba!, hizo rodar una cáscara de pistacho y me preguntó:

¿En qué calle? (Esta pregunta, entiendo, me la hizo porque las dos habitamos el mismo barrio de Madrid.)

En Ofelia X.

Ella sonrió y con alegría manifestó:

¡Joder, Almudena, ya podrías haber elegido una calle con más glamur!

Me hizo gracia. Nos burlamos un poco de mi locura. Ni por asomo consideré que sería capaz de reírme de mi depresión. De mi intento de suicidio. Y ahí me vi, plantándole cara, con una cerveza que me gustaba, con una compañía que derrochaba esencias florales del verano, júbilo de vivir. Con un paisaje que, de tan bello, era hiperbólico. Ese día entendí lo que era remontar, remontar de gozo, remontar de pura cepa, remontar abruptamente, entre la catarsis y la emoción de saber que remontaba y que, como me sugirió un hombre extrovertido, simpático, perdido por allí:

Hay ilusión, ¿verdad?

¡Hay ilusión!

RETUIT

«Llorar por algo y aprovechar en ese llanto para llorar por todo lo demás: economía del llanto.»
nuri. @nocioncomun

PORTAZO

Soy un portazo. El primer portazo que di de adolescente, el último que perpetré en mi cuarto de Mallorca y los que doy ahora (me despiertan golpes en la tráquea: ¡portazo va!) y los que daré siendo anciana, con el bastón de la mala leche y una arruga aristotélica que me saldrá entre las cejas de tanto imaginar libros soñados, libros andantes.

Presente, pasado, futuro y vejez se conjugan en cuatro portazos.

Para ser más exacta: soy el aire del portazo, las pequeñas partículas polvorientas que deja flotando un portazo enfurecido. Los restos del portazo.

Me moriré escribiendo la palabra *chamusquina*.

Nuevas puertas. Portazos varios. Llaves que vienen y que van. Parejas rubias, altas, morenas, de tendencia canosa. Una grieta profunda en las comisuras de mis labios. Mudanzas hacia el oeste: nos mira un parque, nos ataca un columpio. Pisos que sí y que no y que no estoy segura, aunque no lo pensemos más: hay que vivir, ¿no? ¡Vivamos! La lucha (con lanza, lápiz o catapulta) de una forastera de pueblo por ser mallorquina auténtica. Cerrar la puerta cabreada, extasiada, en llamas, con la injusticia lamiéndome los pulmones, estirándome la piel de la garganta, ahí en la laringe comienza toda escritura: es un desacuerdo —doloroso— con el mundo.

Un revuelto de palabras que vibran, que expulso, que desenfundo tiritando en un folio de papel que me observa tan blanco. A las palabras hay que quitarles la ropa. Y el papel espera, tan blanco, tan vacío que me inquieta. Que me deja mal cuerpo. Y no se quita. Soy, a priori, un proyectil de viento agreste, de puerta de madera, de hogar dañado.

Y un chasquido inaudible. El silencio y el grito a la vez.

La mayor expresión de una puerta es el portazo y me congratulo por ello: me he contenido y he soltado toda mi niñería (¡bagatelas, bagatelas!) en cada portazo de mi existencia. El aire que desprende la puerta es un aire impreciso, veloz, hostil, pero purificado. Me han salvado los portazos y me han salvado los libros de una adolescencia invivible, de color pardo, sin ayuda sincera y en la última fila del aula, porque no sé si serás miope, poco agraciada o autista, en cualquier caso: no sirves.

Lo mejor es que hagas letras y que estudies un oficio inservible. Porque no sirves.

A lo que me hubiera gustado responder (contesto desde el presente, nunca es tarde): al striptease de las palabras me voy a dedicar, ¿qué opinas?

Estuve a punto de ir al instituto con una máscara de gas y con una escafandra. Qué digo: un traje de apicultura. Me faltó una milésima de desgracia. Esa mierda de colegio se parecía a una cárcel de delitos menores, pero sin camas. De esta depresión me acaban de salvar los fármacos. Fármacos que son amores: en breve me reuniré con ellos. Estáis invitados a la fiesta de las medicinas que se celebrará en un velero al atardecer con música de Rachmaninov y pachanga moderna. He mandado instalar un trampolín: que salte quien quiera y se rompa la espinilla: no es tan grave. Nada es tan grave después de un paseíto en brazos del diablo. Me he librado, sospecho, de esta enfermedad tan brutal que es la depresión,

pues se incuba como cualquier virus, en un tarro de merme-
lada de fresa.

Un tarro inocente, desarmado.

En un tarro de infancia, se incuba.

Y explota.

Comienza el enfrentamiento.

EPÍLOGO

Llevo algunos meses bien. Aunque todavía medicada.

Tengo un sueño recurrente: «Voy caminando por la calle con unas gafas muy oscuras. No diviso ninguna figura humana, tan solo circula, saltándose los semáforos, la muerte entre intermitencias blancas».

Supongo que es lo que me queda. Un espanto en la conciencia. Me he topado con la muerte físicamente, cuando llegué al hospital desmayada con un tumor que había reventado en mis ovarios, y de forma mental, cuando le confesé al Dr. Magnus que no quería pertenecer al mundo. Que deseaba borrarme. Que buscaba métodos y soluciones inmediatas y cientos de formas de suicidio: coches, cables, azoteas, sobredosis, cuchillos.

Bueno, mi fijación eran los coches.

Los coches rojos.

Demoníacos.

Me veo autónoma, decidida, voluntariosa, sin llorar porque la vida pasa y vivo dentro de su sutil engranaje: un día vives y al siguiente, ¿mueres?

Me vigilan ojos atentos de familiares, compañeros, amigos.

De vez en cuando, ocurre algo glorioso: alguien me quiere más de lo normal.

Me llegan frases motivadoras y paisajes soleados a través del móvil, las redes sociales. Canciones. Poemas.

¡Almudena, has visto qué mundo tan maravilloso!

Puedo comer y noto en mi paladar sabores sustanciales, crujientes, inauditos. Me parece milagroso alimentarme. Disfruto de una caña en un bar. Escribo, tacho, sonrío. Reconozco mi debilidad y me asombra la torrencialidad de la tristeza. Una alerta climática.

Cuando llega, arrasa.

Dos años hablando con la muerte, acariciando su mano pringosa y temeraria.

He estado intimando con el peor individuo de la Tierra: el único enemigo real. O expresado en palabras de Virginia Woolf: «Es la muerte contra lo que cabalgo, lanza en ristre y cabello al viento». Y es que no hay más. No somos personas demasiado malas. Nos equivocamos, no controlamos nuestros peores defectos o distorsionamos situaciones concretas. Al final, moriremos todos vencidos por el único enemigo que es capaz de doblegarnos: la muerte que se disfraza, saluda y se volatiliza después.

En ocasiones, me palpo el cuerpo que –en Ofelia X– intenté matar. El cuerpo sin ovarios. Y tiembla de realidad. Sigo en pie y escribo y amo y me enfurezco y luego me dulcifico.

Escribí *Fármaco* porque no podía pensar en nada que no fuera morir.

Tenía proyectos empezados, una *nouvelle* sobre los primeros destellos adolescentes y una colección de cuentos. Y los dejé a la mitad, porque mi trastorno mental ha sido explosivo. Una reverberación. Echo de menos la lucidez que provoca estar descolocada.

La enfermedad mental me ha acelerado la inteligencia.

Me han inspirado las psicofonías de mi mente. He tomado cajas enteras de pastillas rojas, naranjas, blancas. Nunca he estado tan al límite. Y me han sentado bien pese a ser reacia, en un principio, a la medicación. He decidido que existe una poesía química —he escrito estas páginas mentalmente alterada— relacionada con la creatividad, que lleva a rememorar encrucijadas del pasado.

Momentos enquistados.

¿Traumáticos?

Imposibles.

Si tuviera que hacer una comparación, diría que, igual que Marcel Proust utilizó la magdalena como máquina del tiempo, yo he tragado cápsulas y píldoras que me han organizado la memoria. A través de fragmentos y sensaciones.

Necesitaba destapar mi infancia.

Los fármacos han sido imprescindibles en mi sanación: han empujado el trineo. Y difíciles. No hacen efecto hasta pasado un mes y medio. Están plagados de efectos secundarios. Cuesta abandonarlos. Parto los comprimidos por la mitad:

La mitad de la mitad. Pronto me tocará dividir esa misma pastilla por la mitad. Y la mitad de esa mitad, por la mitad. Qué pequeño es un comprimido y cuánto alberga. Se pierde entre las líneas de mis manos.

El Dr. Magnus me sigue señalando el horizonte.

Yo intento mirar lejos, hasta donde me alcanza la vista y se expanden los colores y las cámaras fotográficas captan un tono sensacional, entre surreal y fantástico, y las fotos se revelan con manchas de fuego, oscurecidas por los bordes y, una niña arranca una piedra del campo, se topa con un insecto palo y se pone a jugar.

AGRADECIMIENTOS

A Eloy, que salió de una farmacia y me sugirió el título del libro.

A mi tía Antonina, que conoce las fruterías de todo Madrid.

A Matilde, que me sujeta en la sombra.

A Natali, a Agustín, a Javier S.S., a *Alb*, a Mario y a Sandra Patricia, todxs ellxs me han señalado defectos y aciertos con sus bolígrafos rojos.

A M.J. Codes por los audios madrileños, a Yanina por los audios porteños, a Sol por los audios sensibles.

A las peluqueras y esteticistas de mi barrio, que me tiñen de rubio y me arreglan las uñas.

ÍNDICE

Papel certificado por el Forest Stewardship Council®

MIXTO
Papel procedente de
fuentes responsables
FSC® C117695